Rebondir !

Révision : Maryse Barbance
Correction : Anne-Marie Théorêt
Infographie : Johanne Lemay

Catalogage avant publication de Bibliothèque et Archives nationales du Québec et Bibliothèque et Archives Canada

Dufour, Daniel
Rebondir! : une approche créative pour surmonter les obstacles
Comprend des réf. bibliogr.
ISBN 978-2-7619-2700-0
1. Résilience (Trait de personnalité). 2. Événements stressants de la vie. I. Titre.

BF698.35.R47D84 2010   155.2'4   C2009-942710-9

02-10

Dépôt légal : 2010
Bibliothèque et Archives nationales du Québec

ISBN 978-2-7619-2700-0

DISTRIBUTEURS EXCLUSIFS :

- Pour le Canada et les États-Unis :
  MESSAGERIES ADP*
  2315, rue de la Province
  Longueuil, Québec J4G 1G4
  Tél. : 450 640-1237
  Télécopieur : 450 674-6237
  Internet : www.messageries-adp.com
  * filiale du Groupe Sogides inc.,
  filiale du Groupe Livre Quebecor Media inc.

- Pour la France et les autres pays :
  INTERFORUM editis
  Immeuble Paryseine, 3, Allée de la Seine
  94854 Ivry CEDEX
  Tél. : 33 (0) 1 49 59 11 56/91
  Télécopieur : 33 (0) 1 49 59 11 33
  Service commandes France Métropolitaine
  Tél. : 33 (0) 2 38 32 71 00
  Télécopieur : 33 (0) 2 38 32 71 28
  Internet : www.interforum.fr
  Service commandes Export - DOM-TOM
  Télécopieur : 33 (0) 2 38 32 78 86
  Internet : www.interforum.fr
  Courriel : cdes-export@interforum.fr

- Pour la Suisse :
  INTERFORUM editis SUISSE
  Case postale 69 - CH 1701 Fribourg - Suisse
  Tél. : 41 (0) 26 460 80 60
  Télécopieur : 41 (0) 26 460 80 68
  Internet : www.interforumsuisse.ch
  Courriel : office@interforumsuisse.ch
  Distributeur : OLF S.A.
  ZI. 3, Corminboeuf
  Case postale 1061 - CH 1701 Fribourg - Suisse
  Commandes : Tél. : 41 (0) 26 467 53 33
  Télécopieur : 41 (0) 26 467 54 66
  Internet : www.olf.ch
  Courriel : information@olf.ch

- Pour la Belgique et le Luxembourg :
  INTERFORUM BENELUX S.A.
  Fond Jean-Pâques, 6
  B-1348 Louvain-La-Neuve
  Téléphone : 32 (0) 10 42 03 20
  Fax : 32 (0) 10 41 20 24
  Internet : www.interforum.be
  Courriel : info@interforum.be

Gouvernement du Québec - Programme de crédit d'impôt pour l'édition de livres - Gestion SODEC - www.sodec.gouv.qc.ca

L'Éditeur bénéficie du soutien de la Société de développement des entreprises culturelles du Québec pour son programme d'édition.

Le Conseil des Arts du Canada
The Canada Council for the Arts

Nous remercions le Conseil des Arts du Canada de l'aide accordée à notre programme de publication.

Nous reconnaissons l'aide financière du gouvernement du Canada par l'entremise du Programme d'aide au développement de l'industrie de l'édition (PADIÉ) pour nos activités d'édition.

Dr DANIEL DUFOUR

Rebondir !

Une approche créative pour surmonter les obstacles

LES ÉDITIONS DE L'HOMME
Une compagnie de Quebecor Media

Avant-propos

Il y a tout juste trente ans, je mettais un terme à de laborieuses études médicales et devenais médecin. Autant la rencontre avec les patients m'avait passionné et m'avait motivé à poursuivre mes études, autant le cadre dans lequel celles-ci se déroulaient ainsi que le contenu scientifique des cours me semblaient ennuyeux et pesants ; ces derniers ne laissaient en effet que très peu de place à l'humain, et encore moins à l'Amour. Le côté scientifique de la médecine s'étant renforcé durant les années qui suivirent, le patient est rapidement devenu un cas, une pathologie, voire l'un des nombreux participants à une étude lambda sur l'efficacité de tel ou tel protocole thérapeutique. Certes, il est de temps en temps rappelé au jeune médecin qu'il lui appartient de s'occuper du patient qui reste malgré tout un être humain, mais tout est organisé afin que ce dernier ne soit plus considéré comme un individu à part entière au service de qui le médecin se trouve. Trop souvent, la réalité hospitalière et le cadre scientifique amènent le médecin et son patient à ne plus communiquer comme deux êtres égaux le font dans la vie civile ; le médecin jouit d'une forme de pouvoir qu'il doit à son statut de représentant du savoir devant un patient qui lui reconnaît ou non ce pouvoir.

Ayant par la suite fréquenté les pays en guerre, j'ai dû m'adapter à une approche du patient qui ne pouvait que lui assurer l'essentiel : sa survie immédiate, sans se soucier, par réel manque de temps, de son bien-être. Parallèlement, ayant à visiter, dans le cadre de mon activité au Comité international de la Croix-Rouge

(CICR), des détenus politiques emprisonnés, j'ai été exposé à une autre sorte de médecins : ceux qui « soignent » ces détenus au nom de leurs connaissances « éclairées » à la demande du pouvoir politique qui les emploie, et commettent un certain nombre d'exactions. Des exceptions existent fort heureusement.

Les hasards de la vie, mais le hasard existe-t-il ?, ont fait que je me suis ensuite installé en tant que médecin généraliste. J'ai alors décidé de prendre mon temps pour aller à la rencontre de mes patients et apprendre à les connaître au lieu de me contenter de les traiter. J'en suis ainsi venu à leur consacrer une heure par consultation afin de les accompagner dans la découverte de ce que leur corps essaye de leur dire au travers des symptômes, de la maladie et du mal-être dont ils souffrent. Ces rencontres, basées sur le respect de l'autre, sont chaque fois de merveilleux moments durant lesquels nous nous apportons mutuellement des éléments de réponse au fil d'un véritable échange, même si celui-ci est parfois difficile et laborieux. Bien entendu, chacun de nous garde ses prérogatives et aucun n'empiète sur l'autre. C'est cette médecine qui me plaît, c'est cette médecine que je pratique depuis plus de vingt ans, c'est cette médecine dont je suis fier, c'est cette médecine que j'ai pu exercer grâce à mes patients à qui je dois beaucoup et sans qui j'aurais arrêté depuis longtemps. C'est grâce à eux que j'ai réussi à surmonter les épreuves et les obstacles mis sur ma route par une autre médecine pour laquelle l'être humain ne constitue plus le centre.

La médecine est un art, non une science. Cette dernière existe, mais elle n'est qu'une des composantes de la médecine. Surtout, elle ne doit pas être utilisée afin d'écraser le patient par des pseudo-certitudes et le soumettre au pouvoir du médecin. La science, la vraie, évolue constamment, mais trop souvent la médecine conventionnelle l'ignore ou feint de l'ignorer. Qu'a fait cette médecine de toutes les découvertes liées à la physique quantique dont Einstein a jeté les bases en 1905 ? Pratiquement rien. Elle est restée figée, recroquevillée sur la physique newtonienne de 1670 !

La médecine conventionnelle s'est transformée, certes, et certaines de ses évolutions technologiques sont remarquables : il n'est qu'à regarder les progrès fantastiques faits en chirurgie cardiovasculaire et en chirurgie orthopédique. Mais dans le même temps, elle essaye de nous prouver que les émotions sont produites par des neurotransmetteurs; elle tente de nous faire croire que le corps matériel crée la pensée, à coup de recherches sur le cerveau utilisant des systèmes d'exploration très évolués, à seule fin de nous persuader que toute souffrance doit être traitée par des médicaments censés régler le déséquilibre de façon temporaire ou définitive; elle établit des protocoles thérapeutiques en se fondant sur des critères statistiques, elle abaisse ses exigences de qualité au profit de la rentabilité, elle renie la vraie recherche pour se mettre au service de groupes exclusivement intéressés par le profit: assurances, compagnies pharmaceutiques. Cela est non seulement triste, mais également dangereux pour les patients. Malheureusement, le système est bien en place et la machine parfaitement huilée.

Pour celles et ceux qui douteraient encore de cette réalité, je ne peux que recommander la lecture de l'excellent livre de Christopher Lane, *Comment la psychiatrie et l'industrie pharmaceutique ont médicalisé nos émotions*[1]. Ce livre fort bien documenté décrit comment des psychiatres américains ont réussi à établir une classification des maladies et des troubles psychiatriques sur la base de leur seule croyance en leur infaillibilité et de leur malhonnêteté intellectuelle et scientifique. Le pire est que cette classification est celle sur laquelle nombre de psychiatres se fondent pour établir leurs diagnostics repris par les assurances. Tout le monde médical et extramédical sait cela et tait cela! Ce silence sert-il au patient, à celui ou celle qui souffre? Est-ce lui rendre service que d'encourager une personne à suivre cette voie et à se fier à cette conception de la médecine qui ne la mènera qu'à l'aliénation?

La médecine conventionnelle a tendance à ne s'intéresser qu'à la maladie et à son traitement, sans se préoccuper des causes de la maladie; elle traite les symptômes à coup de médicaments sans se donner les moyens de rechercher avec les patients le pourquoi de leur souffrance. Les raisons en sont multiples: manque de temps, rémunération insuffisante de ce genre d'approche par les institutions de santé, désintérêt des groupements pharmaceutiques, avec pour conséquence un manque de fonds empêchant de conduire des études sérieuses. Certes, toutes ces raisons existent, mais suffisent-elles à dédouaner les médecins ?

Il est tout aussi vrai que les patients eux-mêmes, souvent par facilité, ne désirent pas rechercher les causes de ce dont ils souffrent et préfèrent une médecine traitant les symptômes. Chacun est libre et doit pouvoir trouver ce qu'il cherche. Mais en ce cas, il n'y a aucune raison de condamner celles et ceux qui refusent de choisir cette voie, ce qui est malheureusement le cas actuellement sous le faux argument qu'il n'est pas du tout prouvé que passer du temps à rechercher des causes qui ne sont pas scientifiquement vérifiées coûte moins cher que de traiter des symptômes ! Les mêmes personnes qui donnent ces raisons acceptent pourtant des examens coûteux sous prétexte qu'ils font évoluer la connaissance. Pourquoi cette distinction existe-t-elle ? Qui profite de cet état de choses ?

Il existe bien entendu beaucoup de praticiens honnêtes dans les mondes médical et paramédical, qui croient en leurs patients et en leurs capacités, et qui ne les considèrent pas comme des cas, mais comme des personnes à part entière. Par ailleurs, un diagnostic sérieux émanant de professionnels, et non de personnes gonflées par leur ego et leurs prétendues connaissances scientifiques, peut faire conclure à la nécessité de prescrire certains médicaments de façon ponctuelle. Enfin, il est parfois nécessaire d'accompagner une personne en lui proposant une thérapie, mais encore faut-il déterminer laquelle, dans quel but et le thérapeute le plus indiqué. Le système actuel aurait besoin de profondes réformes : il n'a en effet pour mérite que de maintenir le patient dans un état d'« analphabétisation » sur le plan de sa santé, pour le plus grand bonheur de ceux qui en tirent un profit financier.

En attendant cette remise en cause, nécessaire à mes yeux, il est possible de continuer à creuser un sillon permettant à celles et ceux qui le désirent d'être accompagnés dans leur démarche visant à découvrir les causes de leurs souffrances afin de mieux se porter, et même de guérir. Ce type de médecine se situe en amont de la médecine conventionnelle et fait partie de l'*art médical* à proprement parler. Il est efficace et permet à l'être humain de retrouver ou de conserver le respect et l'Amour sans lesquels il ne peut vivre.

Introduction

Au cours de sa vie, chaque être humain fait face à des difficultés ; il arrive qu'il parvienne non seulement à surmonter celles-ci, mais aussi à transformer cette épreuve en succès. Cette capacité de rebondir appartient à toutes et à tous, quelles que soient son origine, sa culture et ses capacités intellectuelles et autres.

Être confronté à des situations difficiles, à des problèmes, fait partie de la vie, et aucun d'entre nous n'en est exempt. Certains décident d'affronter ces épreuves, d'autres se réfugient derrière la croyance qu'ils en sont incapables. Ces derniers invoquent souvent la fatalité ou le fait que l'épreuve leur est envoyée pour leur faire expier une quelconque faute ou une erreur commise dans une autre vie. En pensant de la sorte, ces personnes refusent de saisir la chance qui leur est donnée d'utiliser une partie d'elles-mêmes : leur savoir inné et leur capacité à transcender les difficultés. Il n'existe pas d'être humain qui soit dépourvu de ces merveilleux outils, et il n'y a aucune fatalité à devoir souffrir tout au long de sa vie.

Nos sociétés occidentales traversent actuellement une période difficile, tandis que bien d'autres sociétés ont à faire face depuis fort longtemps à des problèmes menaçant la subsistance même de leurs membres. Dans le monde actuel, nous sommes bombardés de nouvelles, toutes plus catastrophiques les unes que les autres : ce fut la crise du pétrole, puis la crise des *subprimes*, et aujourd'hui la crise financière ; sans oublier les pandémies, qui nous menacent tous, et les autres dangers dont une certaine presse, relayant les discours « éclairés » de décideurs, nous rebat les oreilles... Telle est la toile de fond qui nous est imposée, inéluctable, croyons-nous !, par nos sociétés dites démocratiques. À cela, il faut ajouter les difficultés personnelles : le vieillissement, la maladie, le mal-être, l'appauvrissement, la violence sociale (harcèlement, exclusion, isolement), pour n'en citer que quelques-unes. Le danger de se noyer dans les problèmes est bien réel et semble même relativement bien organisé par la société qui multiplie les messages afin de maintenir chacune et chacun dans la peur. Par voie de conséquence, l'individu peut démissionner en pensant qu'il n'est pas de taille à lutter contre tout cela ; il peut aussi – et c'est ce qui lui est fortement recommandé dans ce livre – *refuser de capituler* face à ce qui lui paraît difficile à surmonter, et conserver ou récupérer sa dignité d'être humain en faisant appel à ce qui est en lui depuis toujours et que personne ne peut lui enlever : ses qualités d'être humain et l'Amour que lui seul peut s'accorder.

Ce livre a pour but de rappeler à chacune et chacun qu'il a le merveilleux pouvoir de conduire sa vie de la façon qui lui plaît et de refuser de plier devant ce qui lui est étranger ; depuis de nombreuses années, je suis le témoin privilégié de mes patientes et patients qui, maintes et maintes fois, m'ont démontré qu'à partir du moment où ils reprennent leur vie en main, ils font preuve d'une capacité de rebondir fabuleuse qui leur permet non seulement de surmonter les épreuves, mais aussi de créer une autre réalité bien plus attrayante que celle à laquelle ils s'étaient habitués...

Il me semble très important d'écrire cet hymne à l'espoir et à l'Amour afin de sortir du marasme dans lequel certains désireraient nous cantonner pour mieux nous contrôler et maintenir leur ascendant sur nous. Mon objectif principal est de rappeler à chacun qu'il est un bel Être et un Géant, contrairement à ce qu'on lui a appris et à ce qu'il a conservé comme croyance au fond de lui.

Chapitre 1

Comment notre corps réagit-il face aux difficultés de la vie ?

Le stress

Chaque être humain est différent, mais tous les êtres vivants ont un corps qui réagit de la même manière aux stimulations sur les plans physiologique et chimique. Ces réactions sont observables chez tout un chacun, indépendamment de sa race, de l'éducation qu'il a reçue, du lieu dans lequel il se trouve, de l'heure ou du temps qu'il fait.

Hans Selye, en 1907, a qualifié cette réaction du corps de « stress ». Le stress se définit comme étant une réponse non spécifique de l'organisme à une stimulation. Notons que, dans son sens courant, le mot « stress » n'a pas la même signification ; il désigne les conséquences, sur le corps, de stimulations répétitives sans périodes de compensation ou de repos.

Le mot « stimulation » doit être pris dans son acception la plus large ; il ne contient en effet aucune connotation de positivité ou de négativité. La stimulation peut venir d'éléments extérieurs au corps : froideur, chaleur, intempéries, soleil ; ou d'éléments qui lui sont intérieurs : émotions (joie, tristesse, colère), peur, culpabilité. De même, elle peut résulter d'événements heureux (naissance, mariage, succès professionnel) ou malheureux (décès, séparation, échec professionnel). L'intensité de la stimulation n'a pas en elle-même beaucoup d'importance, car le corps est parfaitement bien équipé pour y faire face, quelle qu'elle soit. Certes, au-delà d'un certain seuil, il abdiquera et ne saura pas répondre de façon adaptée. Le corps peut par exemple affronter certaines températures extrêmement basses ou élevées, mais, en fonction de la température elle-même et du temps pendant lequel il est exposé, il y aura risque de décès par hypothermie ou hyperthermie. Néanmoins, dans la majorité des situations, le meilleur ami que nous ayons, notre corps, est capable de répondre présent de façon adaptée et intelligente.

Notre corps face au stress

Pour faire face au stress, notre corps met en place une série de réponses bien connues par la science. Il n'est pas dans mon intention de donner un cours de médecine au lecteur, mais il me paraît important de souligner quelques points qui sont essentiels pour comprendre ce qui se passe lorsque nous sommes exposés à une stimulation. Aussitôt que la stimulation est perçue par le corps, l'hypothalamus, situé dans notre cerveau, envoie des messagers chimiques aux glandes surrénales qui sont accolées à chaque rein. Ces dernières sont constituées de deux parties, chacune étant chargée de sécréter des hormones spécifiques. Celles-ci sont d'autres messagers chimiques qui, à leur tour, envoient des ordres à certaines parties du corps afin d'enclencher des réactions ou des actions bien spécifiques. Toute stimulation se traduit par conséquent dans notre corps par une série de messages précis déterminant des signes physiques et des réactions chimiques bien codifiés. Quels sont-ils ?

- La partie appelée « médullosurrénale » sécrète une hormone, appelée l'adrénaline, qui a plusieurs effets : une augmentation des spasmes des vaisseaux sanguins (artères et veines), une plus grande excitabilité des muscles, une élévation de la tension artérielle et du pouls, une augmentation de la production de glucose (sucre sanguin utilisé à raison de 30 % par le cerveau) ;
- La partie appelée « corticosurrénale » sécrète trois hormones différentes, soit l'aldostérone, la cortisone et le cortisol, dont les effets sont les suivants : une diminution du zinc et du magnésium, une augmentation du sel, une augmentation des réserves au niveau du foie, une neutralisation de l'activité des anticorps, une augmentation de l'acide urique et de l'urée.

Comme nous pouvons le constater, les réactions du corps à une stimulation sont importantes ; mais elles sont normalement immédiatement compensées par une période de repos qui entraîne soit l'annulation de certains des messages reçus, soit l'envoi de messages antagonistes, c'est-à-dire donnant une information opposée aux précédentes. C'est ainsi qu'un retour à un état d'équilibre est possible. Toutes ces réactions se font dans un temps record, ce qui prouve que notre corps est une merveilleuse « machine » capable de faire face à toute stimulation qui n'est pas totalement disproportionnée.

Nous pouvons maintenant parfaitement imaginer ce qui peut survenir lorsqu'il n'y a pas de période de repos ou de pause compensatoire se caractérisant par de la détente. Si la stimulation ne s'arrête pas et, au contraire, se répète, voire s'amplifie, le système va continuer de produire les hormones citées plus haut, ce qui peut entraîner des symptômes ou des maladies importantes. Prenons quelques exemples :

- L'augmentation de la spasticité des vaisseaux et de l'excitabilité des muscles peut être à l'origine de crampes, de souffrance musculaire et d'infarctus du myocarde ;
- L'augmentation du pouls et de la tension artérielle peut entraîner une hypertension ;

- L'augmentation du sucre, importante afin de protéger le cerveau – grand consommateur de glucose – ainsi que les réserves du foie, peut provoquer, à moyen terme, des troubles de la glycémie ; mener dans un premier temps à une hyperglycémie qui sera bientôt suivie par une hypoglycémie appelée diabète de type II ;
- La diminution du zinc et du magnésium induit une fatigue importante ;
- L'augmentation du sel produit des rétentions d'eau et des œdèmes, tout en augmentant les risques d'hypertension artérielle ;
- La neutralisation des anticorps, qui sont responsables de la lutte contre les virus, bactéries, parasites, champignons et cellules à potentiel cancérigène, peut provoquer l'apparition de toutes les maladies liées à ces différents organismes ou aux cellules anormales.

Bien entendu, avant de parvenir à ces symptômes ou maladies, les personnes vont présenter des troubles divers et variés : fatigue et fatigabilité accrues, troubles du sommeil comprenant des troubles lors de l'endormissement et des réveils réguliers à certaines heures de la nuit, difficulté à se lever, coups de pompe subits et récurrents durant la journée, plus grande irritabilité et vulnérabilité qu'à l'accoutumée, diminution de la capacité de concentration, problèmes de mémoire, baisse de la libido. Tous ces troubles ne sont pas des maladies à proprement parler, mais ils constituent des signaux qu'émet le corps afin de prévenir la personne que certaines choses ne vont pas. Très souvent, celle-ci a tendance à ne pas écouter « ces signes anodins et certainement passagers » ; c'est ainsi que la répétitivité des stimulations et des réactions au stress s'installe et crée le mal-être ou des maladies sérieuses.

Ces réactions existent chez tous mais sont vécues de façon plus ou moins intense par chacun. Des facteurs spécifiques peuvent expliquer qu'une personne souffre de problèmes d'hypertension alors qu'une autre présente des troubles cardiaques. Soulignons aussi que certains individus n'ont rien dans un premier temps, mais présenteront ensuite un sérieux problème de santé, « comme un coup de tonnerre dans un ciel bleu », ainsi qu'on l'entend dire...

Le stress, dans le langage courant, non scientifique, désigne les symptômes que nous venons de citer ; mais de façon plus générale, il sous-entend que la personne qui en souffre est, à la base, tendue ; ainsi, stress est-il souvent synonyme de tension.

Le stress positif existe-t-il ?

Au vu de ce qui précède, l'expression « stress positif » utilisée dans certains milieux s'apparente à une erreur. Il n'existe pas de stress positif, car la répétitivité de stimulations sans période de repos mène tôt ou tard à un épuisement et, par conséquent, à une fatigue accrue et aux symptômes cités précédemment. La plupart des personnes utilisant l'expression citée désirent en réalité souligner que les stimulations sont quelque chose de positif ; ce avec quoi je suis entièrement d'accord, pour autant que des périodes de repos soient prévues, et même planifiées !

L'importance de périodes de repos compensatoire

Nous avons vu que le corps réagit de la même façon, quelle que soit la nature de la stimulation. Il ne fait aucune différence entre un deuil ou une naissance ; dans les deux cas, les mêmes réactions chimiques, hormonales et physiques s'enclenchent. La réaction psychologique est aussi très importante ; elle se surajoute aux réactions de base du corps. Ainsi, si une personne a conscience de sa joie ou de sa tristesse, cela a d'autres conséquences que si elle n'en a pas conscience. Ne pas se permettre de vivre ses émotions provoque en effet une tension nouvelle qui s'ajoute à la tension existante et empêche encore plus de trouver le repos.

Thierry est âgé de 32 ans. Il est célibataire et il exerce la profession de courtier dans une banque depuis cinq ans ; il adore son métier qui lui permet de « vivre à 200 km/h ». Le stress positif, selon ses propres dires, est stimulant, sans compter que son activité lui apporte des gains financiers notables grâce auxquels il peut voyager et faire de la plongée ainsi que du ski extrême. Il a besoin de cette adrénaline afin de se sentir vivre ; autrement, me dit-il, il s'ennuierait et se sentirait vieux avant l'âge. Venant en consultation à mon cabinet afin d'obtenir une attestation médicale certifiant qu'il est en bonne santé et peut plonger, il est fort surpris de constater que sa tension artérielle est haute et que certaines de ses analyses de sang, concernant notamment le foie et le pancréas ainsi que le taux d'acide urique, ne sont pas très bonnes. Certes, il avoue certains écarts alimentaires et des abus occasionnels d'alcool, mais qui ne peuvent expliquer les valeurs trouvées. Il n'y a pas dans sa famille de personnes hypertendues (même si l'hypertension n'est pas une maladie génétique, on la retrouve dans certaines lignées familiales) ou souffrant de crises de goutte[2]. Aucune explication ne semble rendre compte de ces analyses décevantes. J'ajouterai que son aspect physique me donne à penser que Thierry a 40 ans plutôt que 32.

Son exemple illustre bien ce qui se passe chez une personne qui se soumet, ou est soumise, à des stimulations répétitives plus ou moins fortes et agréables. Cela dit, le fait que Thierry ressente ces stimulations comme agréables ne modifie en rien les actions que son corps met en œuvre afin d'y faire face, car, sur le plan physiologique, une stimulation a toujours les mêmes effets, qu'elle soit agréable ou non. Par contre, si Thierry supportait mal son « stress », son corps aurait des réactions qui viendraient se surajouter à celles déjà existantes et pourraient induire encore plus de troubles physiques, sans parler des tensions liées au fait qu'il subirait alors son stress…

Georges, lui, est professeur dans le secondaire depuis une vingtaine d'années. C'est un homme assez sûr de lui, marié et père de deux enfants. Il consulte parce qu'on vient de lui diagnostiquer de l'hypertension ; or, il n'a pas envie de prendre des médicaments à vie. Il aime son travail et le trouve parfois stressant, mais il estime « bien gérer » ce stress, d'autant plus qu'il a suivi des cours de formation en ce sens ; notamment des cours destinés à faciliter la communication avec les élèves, tel celui sur la communication non violente. Son métier a beaucoup évolué depuis qu'il l'exerce, avec notamment plus de violence entre les élèves et les enseignants ainsi que plus de difficultés dans les rapports avec les parents des élèves, mais il parvient à « prendre ses distances » et à « rester zen », affirme-t-il. Physiquement, il n'a souffert que d'une gastrite, un an plus tôt, alors qu'il était en vacances. En discutant avec lui, je me rends compte que tous les jours, après son travail, Georges fume quelques « joints », en moyenne deux à trois, ce qui lui permet de « se décontracter »... L'exemple donné par Georges nous oblige à constater qu'il ne suffit pas de mettre en place des tactiques pour « gérer » son stress – cours de communication non violente, distanciation intellectuelle, consommation de haschich – afin d'empêcher le corps de réagir par des mécanismes automatiques de protection. C'est ainsi que Georges se retrouve avec de l'hypertension malgré toutes les méthodes d'évitement auxquelles il a recours...

Il peut paraître étonnant que Thierry et Georges aient une symptomatologie similaire alors qu'ils n'ont absolument pas le même type de vie et qu'ils ne réagissent pas du tout de la même façon à l'existence et à ses difficultés. Thierry fait du sport à haute dose et avec intensité, Georges se détend par la prise de cannabis. Nous pourrions imaginer qu'une activité physique telle que la plongée sous-marine ou le ski extrême est à même d'apporter les périodes de repos compensatoire tellement utiles afin d'effacer les tensions produites par le métier de Thierry ; il n'en est rien, car, même si pour pratiquer ces sports il faut se concentrer sur le moment présent – ce qui procure une certaine détente –, celle-ci n'est pas suffisante en regard des tensions emmagasinées. Son propre corps, qui est le meilleur ami de Thierry, le lui dit de façon claire et nette...

Ces remarques valent aussi pour Georges, qui a une forte tendance à confondre les volutes de fumée de haschich avec un vrai repos. Bien entendu, il est plus sain de pratiquer un sport que de fumer du cannabis. Cela dit, il semble, au travers de ces deux exemples, qu'aucune des deux activités ne soit à même d'apporter le calme et le repos espérés. Le temps qui leur est consacré n'est pas non plus un facteur déterminant. Georges et Thierry passent en effet beaucoup de temps à leurs activités extraprofessionnelles.

Si ni leurs activités ni le temps qu'ils y consacrent ne permettent à Thierry et à Georges de se détendre, il va falloir se tourner vers d'autres horizons afin de les aider dans leur quête de mieux-être et d'une meilleure santé.

Un point mérite toute notre attention. Nous venons de voir que, dans la recherche d'une détente réelle et efficace, ni le temps pris ni le loisir choisi ne sont des réponses valables. Il serait alors tentant de conclure que les activités professionnelles sont à ce point stressantes qu'elles ne peuvent être compensées par quelque repos que ce soit. Nous pourrions aussi faire l'hypothèse que le travail de la personne est incompatible avec sa personnalité. Les réponses, fort heureusement, ne sont pas celles-ci et vont être trouvées non pas hors de la personne concernée, mais à l'intérieur d'elle.

La question à se poser n'est pas : « Mes activités actuelles ne me permettant pas d'être en bonne santé, quelle nouvelle activité devrais-je entreprendre afin d'aller mieux ? », elle est bel et bien : « *Qu'est-ce que mes problèmes de santé me disent sur moi-même ?* »

Il est toujours plus simple et plus facile d'accuser l'activité, l'autre à l'extérieur, que de rechercher en soi-même ce qui ne va pas. Nous avons tous tendance à ne pas réellement écouter notre corps qui essaye pourtant de nous parler, mais nous ne désirons pas l'entendre ! Et pourtant, il s'adresse à nous de façon constante...

Le langage du corps

Nous pouvons considérer notre corps de deux façons : soit comme notre pire ennemi, soit comme notre meilleur ami. Il est évident que chacune de ces façons de penser détermine une approche et des moyens différents. Essayons de voir de plus près ce qui se passe dans la réalité à l'aide d'un exemple concret.

Jeanine, âgée de 25 ans, souffre de crises de boulimie depuis son adolescence ; ses examens sanguins présentent une glycémie élevée. Elle ne souffre pas encore de diabète, mais, si elle ne fait rien pour se traiter, il y a de fortes chances qu'elle soit atteinte d'un diabète de type II dans les années à venir. Son poids est dans les normes, mais elle se trouve trop grosse ; hormis cela, sa santé est bonne. Vendeuse dans un grand magasin de vêtements, elle reconnaît que son travail ne l'intéresse pas beaucoup et est surtout alimentaire. Mais il n'y a pas de mauvaise ambiance parmi le personnel et elle se sent respectée par sa hiérarchie. Sur le plan familial, Jeanine a vécu difficilement le divorce de ses parents quand elle avait 12 ans, d'autant plus qu'à cette période sa sœur aînée a quitté le domicile familial pour aller poursuivre des études à l'étranger. Elle s'entend bien avec son père avec qui elle n'a pas vécu depuis le divorce, et très moyennement avec sa mère. Elle vit seule depuis l'âge de 18 ans et n'a pas de relation affective depuis sa rupture avec son ami qui remonte à deux ans. Elle a mis fin à cette relation après avoir appris qu'elle avait été trahie par ce compagnon ; la relation remontait à trois ans et cet homme était le premier Amour de sa vie.

Nous allons envisager les deux manières dont Jeanine dispose pour aborder ses problèmes et guérir de sa boulimie et de son mal-être. Le point de départ est important, car il détermine des marches à suivre « logiques » débouchant sur des chemins diamétralement opposés.

« Mon corps est mon pire ennemi »

La boulimie est une maladie faisant partie des troubles de la sphère nutritionnelle au même titre que l'anorexie mentale. Il faut donc essayer de la combattre afin de revenir à la norme. Cette norme est définie par les sciences médicale, nutritionnelle et psychologique, ainsi que par la société ; de concert, celles-ci ont posé pour base qu'il faut manger trois fois par jour de façon équilibrée afin d'être dans une forme physique et psychique optimale ; elles ont même déterminé, certes de façon variable (selon les modes et les produits disponibles sur le marché), mais qui se veut claire, le type de nourriture acceptable et celui qui ne l'est pas. La boulimie est une maladie, car elle est une attitude anormale d'une personne face à l'alimentation, soit une attitude compulsive, c'est-à-dire maniaque et que l'on ne peut contrôler par la volonté. Un facteur aggravant consiste à vomir la nourriture consommée à la fin de la crise. Enfin, par son comportement boulimique, la personne souffrante est censée remplir un vide intérieur d'origine affective.

L'hyperglycémie est certainement liée au fait que, lors de ses crises, Jeanine ingère de la *junk food* et des sucres blancs et rapides qui ont petit à petit fatigué son pancréas ; cet organe gère la production d'insuline, une hormone s'occupant de dégrader les sucres consommés en sucres absorbables par le corps.

Face à ces deux troubles, qui sont liés, une coordination de diverses approches thérapeutiques doit être mise en place, l'objectif étant de permettre à Jeanine de fonctionner le mieux possible dans la société, voire de guérir. Ces approches ont toutes pour but de combattre la maladie et l'hyperglycémie. La patiente va être encouragée à se battre contre la prise compulsive de nourriture et l'ingestion de sucres rapides afin de gagner ce qui s'apparente à une guerre. Pour ce faire lui seront offerts des conseils nutritionnels, des consultations avec un psychologue ou un psychiatre, une surveillance de son poids et de son taux de glycémie, ainsi que, éventuellement, des médicaments. Si Jeanine est jugée « dépressive », elle pourra bénéficier d'un antidépresseur léger censé l'aider à surmonter la période difficile qu'elle est en train de traverser.

Dans cette approche, nous constatons que le corps est considéré comme l'ennemi ; il est le fauteur de troubles, celui qui, par ses symptômes, cause le mal-être. La nourriture est la grande responsable, il va donc falloir la combattre afin d'en réguler la consommation pour que tout rentre dans l'ordre normal et défini par la science et la société. Tout le défi consiste à terrasser le symptôme, la maladie, afin de retrouver un équilibre. Si un tel objectif est jugé « inatteignable » par la science et les statistiques, alors il convient de parvenir à un « état de rémission ». Les professionnels préfèrent en effet ne pas parler de « guérison » dans certaines maladies telles que le cancer. Les autres termes utilisés par cette approche illustrent bien notre propos : « arsenal » thérapeutique, antiacide, antivomitif, antihypertenseur... L'ordonnance en est le fer de lance et la *lutte « contre »* le moteur : il s'agit de gagner la bataille contre la bactérie, le virus, la cellule anormale ou la maladie.

L'individu, quant à lui, est souvent réduit au rang d'élément statistique et ne peut échapper à une classification qui fait de lui un « cas » ou un numéro d'assuré ne devant pas dépasser les limites budgétaires qui lui sont assignées par des « médecins-conseils » et des employés zélés de grandes compagnies d'assurances. Les coûts sont énormes et doivent être supportés par la société, ce qui entraîne bien évidemment des restrictions ou des limitations de l'arsenal thérapeutique mis à la disposition des patients. Cette organisation débouche rapidement sur une médecine à deux vitesses : l'une pour les pauvres et l'autre pour les riches...

Mais le plus grave, à mon sens, est que la personne souffrante se trouve totalement exclue et de sa maladie et du processus de soin et de guérison. Selon cette approche, elle n'est en effet pour rien dans ce qui lui arrive ! Elle n'est responsable ni de la cause de sa maladie qui lui échappe totalement – « C'est la faute à pas de chance ! » –, ni de son traitement, confié à des professionnels de toutes sortes, ni du succès de celui-ci attribué à la compétence de ces mêmes praticiens et aux moyens thérapeutiques utilisés, si tout va bien, ou, si tout va mal, au fait que l'arsenal thérapeutique ne fonctionne pas avec elle, voire, mieux encore, au fait qu'elle s'applique à « mettre en échec » l'équipe et ses techniques... Bref, le patient se trouve complètement déresponsabilisé, plongé dans la dépendance sur tous les plans. Dans ces circonstances, le risque est grand que, n'ayant quasiment rien appris, il retombe plus ou moins rapidement malade et passe au stade de la chronicité. Cela contribue à maintenir les patients à un stade avancé d'« analphabétisation » permettant à ceux qui s'autoproclament « scientifiques » de conserver leur position de pouvoir.

Cette approche, enfin, ne laisse aucune place à l'Amour ; elle ne privilégie en aucun cas l'échange et le respect du corps qui est pourtant une partie importante de l'être humain ; elle privilégie le non-dialogue et le non-Amour, et consacre, en tant que maître du jeu, la partie de l'être humain qui pense dans le vide, qui coupe la personne de ses émotions et d'elle-même. Elle privilégie le savoir acquis au détriment du savoir inné, l'intelligence froide au détriment de l'intelligence émotionnelle, la logique au détriment de la partie sensible et créative qui se trouve au cœur de chaque être humain. L'effet est sans appel: le patient est rendu dépendant du thérapeute, du médicament et de la société, au lieu de retrouver son autonomie. Enfin, lutter « contre » n'a jamais amené les gens à autre chose qu'à remplir les cimetières.

Cette approche permettra éventuellement à Jeanine de « contrôler » sa boulimie et de s'adapter à la vie quotidienne avec une meilleure connaissance de ses limites. Elle la fera peut-être revenir à un stade antérieur à la maladie, quand les symptômes n'existaient pas. Il y a cependant très peu de chance qu'elle permette à Jeanine de rebondir plus haut et plus loin...

« Mon corps est mon meilleur ami »

La boulimie est un signe du corps essayant d'attirer l'attention de la personne qui en souffre sur quelque chose qu'elle fait « mal » par rapport à elle-même. Elle n'est ni normale ni anormale, elle est juste un signe à prendre au sérieux, car elle cause de grandes tensions qui mènent la personne à manger de façon irrépressible tout et n'importe quoi; la nourriture n'est que le moyen que la personne a trouvé pour se soulager temporairement des tensions qu'elle ressent (ou non). D'autres comportements pourraient être utilisés dans le même but: la consommation d'alcool, de drogues ou de tabac, un entraînement intensif de *fitness*, des achats désordonnés et inutiles dans les magasins, la pratique effrénée de jeux vidéo... En ce sens, la nourriture n'est pas l'ennemie et n'a pas à être combattue; quant aux vomissements, ils ne sont qu'un autre signe du corps.

L'hyperglycémie résulte des stimulations répétitives auxquelles le corps de Jeanine a été et est soumis depuis de nombreuses années.

Face à ces deux signes, qui ont la même origine, il faut aider Jeanine à comprendre ce que son corps essaye de lui dire. C'est la seule façon de l'accompagner dans la recherche d'une résolution de son problème qu'elle seule pourra éventuellement comprendre et expliquer. Certes, une aide lui est nécessaire, qui peut prendre la forme d'un accompagnement; une médication peut aussi s'avérer utile comme soutien temporaire au même titre qu'une béquille est bien pratique dans un cas de fracture de la jambe. Il s'agit de s'acheter du temps pour effectuer ce qui est le plus important: comprendre ce que son meilleur ami, le corps, tente de dire à Jeanine. L'arsenal thérapeutique est à la disposition de celle-ci mais ne doit être utilisé que de façon parcimonieuse, car il n'offre qu'une aide limitée et ponctuelle.

Cette approche a pour but essentiel de traiter la ou les causes, et non pas simplement les symptômes ou la maladie. Ces derniers ne sont pas considérés comme des ennemis, mais comme des messages du corps. L'équipe thérapeutique – médecin, nutritionniste, psychologue et autres – a pour principale tâche d'accompagner Jeanine dans la connaissance d'elle-même; en aucun cas elle n'a la prétention de savoir en lieu et place de la patiente ce qui lui arrive; cette équipe est *au service* de Jeanine, dans le respect mutuel bien évidemment !, et essaye d'amener celle-ci à plus d'autonomie et de responsabilisation. Elle va tout faire pour encourager Jeanine à reprendre les rênes de sa vie de façon à se libérer de ses entraves et de ses inhibitions et guérir.

C'est une démarche d'Amour: elle privilégie l'échange et le respect du corps, elle ne laisse que peu de place à la partie qui pense dans le vide, qui coupe la personne de ses émotions et de ce qu'elle est. Elle va aider Jeanine à se retrouver avec toutes ses qualités, à reprendre contact avec son savoir inné, son intelligence émotionnelle et, surtout, son noyau fondamental. Elle va l'aider à acquérir une plus grande connaissance d'elle-même et, par voie de conséquence, la préserver de toute dépendance vis-à-vis d'une quelconque autre personne, fût-elle thérapeute.

La lutte « pour » remplace la lutte « contre », ce qui est une démarche positive et résolument optimiste.

Cette approche permet à Jeanine de guérir de sa boulimie et de vivre mieux. Elle lui permet aussi non pas de revenir à la Jeanine d'avant, mais de faire la connaissance d'une nouvelle Jeanine, plus forte, mieux armée dans la vie et beaucoup plus confiante en elle-même. Ce faisant, Jeanine avancera et sera capable de rebondir...

D'où proviennent nos tensions corporelles ?

Nous avons vu que le premier signe produit par notre corps lorsque nous sommes soumis à une stimulation répétitive sans période de repos compensatoire suffisamment longue et de bonne qualité est une *tension*. Cette tension est palpable physiquement et se manifeste sous différentes formes: nœuds dans la gorge, tensions musculaires dans les épaules ou ailleurs, crispations, serrement des mâchoires, boule au niveau de l'estomac, etc. Elle provient de l'activation de mécanismes physico-chimiques très précis qui entrent en jeu sans qu'intervienne le frein qui apparaît normalement immédiatement après la stimulation et qui permet le repos ou la décompression nécessaire à un bon équilibre.

Cette tension n'est pas psychique, comme beaucoup de personnes le pensent et le disent. Elle est *physique* même si son origine est souvent impalpable et immatérielle, comme nous allons le voir. Il y a une grande confusion à ce sujet. Beaucoup de médecins disent en effet à une personne souffrant de tensions que celles-ci sont d'origine « psychosomatique »; ce mot, en vogue depuis quelques décennies, signifie qu'un signe tel qu'une tension a son origine dans le psychisme et se traduit physiquement; ainsi, la plupart des personnes, et malheureusement beaucoup de thérapeutes !, comprennent qu'un problème psychique engendre une tension et que celle-ci a son origine dans la tête. Or, la personne souffrante ressent celle-ci dans son corps et refuse souvent qu'on puisse penser qu'elle est « folle » ou malade psychiquement... Devant un tel discours, elle peut donc se braquer et cesser d'écouter, et dans un certain sens nous pouvons la comprendre. Pour ces raisons, le mot « psychosomatique » ne devrait pas être utilisé. La notion même de psychosomatique est trop floue, d'autant plus qu'elle a été historiquement construite de toutes pièces par les médecins qui ont mis dans cette classification toutes les pathologies et maladies qu'ils ne pouvaient pas classer dans les deux autres catégories « reines » : celle des troubles de médecine interne et celle des troubles de médecine psychiatrique.

Une tension, comme nous l'avons vu, apparaît dans le corps physique à la suite d'une série de stimulations ou d'une stimulation qui perdure. Elle est le plus souvent le premier signe que le corps présente à la personne. Par conséquent, comprendre ce qu'elle nous dit est très important.

Comparons notre corps à un élastique. Lorsque l'élastique est détendu, que nous dit-il ? Qu'il n'y a pas de tension et, par conséquent, qu'il n'y a pas de forces opposées en train de s'affronter, l'une tirant dans un sens et l'autre dans le sens contraire. Lorsque l'élastique est tendu, que nous dit-il ? Que deux forces s'opposent, qui vont chacune dans un sens différent et qui ne sont pas conciliables. Attentifs à notre corps, nous savons immédiatement si nous sommes tendus ou détendus. Notre corps nous renseigne en effet à chaque instant sur notre état : « Je suis détendu » signifie qu'il n'y a pas de forces contraires qui s'opposent en moi et que je me sens en paix, généralement heureux et tranquille ; « Je suis tendu » correspond toujours à une situation dans laquelle je ne me sens pas à l'aise ou dans laquelle je ne me sens pas bien. Chacun d'entre nous peut vérifier cela, simplement en se faisant l'observateur attentif de lui-même. Être attentif à soi est le début de ce que l'on appelle « s'occuper de soi » : cela ne prend que quelques fractions de seconde et aucune énergie... Pourtant, combien de fois le faisons-nous par jour ?!

Le fait de remarquer que notre corps présente une tension ne nous renseigne pas encore sur l'origine de celle-ci, mais est très important. Comme nous l'avons noté, une tension ne peut provenir que de l'opposition de deux « choses » agissant en nous-mêmes et non en dehors de nous. Ce point est essentiel. Nous avons en effet vu que la stimulation peut être extérieure (froid, chaleur, divorce, mariage) ou intérieure (émotion non vécue), mais que toute la chaîne de réactions se déroule en nous ; la tension ressentie est également intérieure.

Ces deux mondes qui s'affrontent en nous

Le présent versus le passé et le futur

Un petit enfant est toujours dans le moment présent et vit ses émotions telles qu'elles sont à ce moment-là. Il ne sait pas ce que sont le futur et le passé, et ne connaît pas les peurs et le sentiment de culpabilité des adultes. Il désire un jouet maintenant et s'il ne l'obtient pas, il crie, car il est en colère ; au contraire, lorsqu'il est content ou heureux parce qu'il l'obtient, il sourit ; s'il est triste, il pleure à chaudes larmes. Il passe d'une émotion à une autre en quelques minutes, ce qui surprend souvent l'adulte. Certes, par moments, il présente des tensions qui sont pour la plupart d'origine physique ; c'est le cas notamment lorsqu'il est malade ou souffrant. Et quand il fait une chute et se fait mal, il pleure, crie immédiatement, mais reprend très peu de temps après ses occupations. Bref, un petit enfant exprime de façon constante ses émotions. De plus, lorsqu'il est exposé à une stimulation extérieure (froid ou chaleur, chute, nourriture non appréciée, fièvre, inconfort), il s'exprime immédiatement et jusqu'à ce que la source de la stimulation disparaisse. C'est pourquoi il ne présente que très peu de tensions.

Plus l'enfant se développe, plus les tensions apparaissent.

En apprenant que le futur existe, de nouvelles tensions que l'enfant ne connaissait pas naturellement surgissent : la crainte, l'inquiétude, l'appréhension, la peur, l'anxiété, le trac, l'effroi, l'angoisse, la phobie, voire la panique, et le manque de confiance en soi. La tension est bien entendu ressentie dans le moment présent, mais elle résulte du fait qu'il existe désormais une opposition entre deux parties de la personne : la partie naturelle et innée qui vit dans le moment présent et constate que la situation est alors calme et détendue, et une autre partie qui se projette dans le futur et imagine que dans ce futur la situation sera mauvaise et agitée. Imaginons la scène suivante : je suis tranquillement assis dans mon fauteuil chez moi (moment présent), en bonne santé et en train de déguster un sandwich avec du beurre et des cornichons, et je me mets à penser, après avoir entendu la déclaration de l'OMS présentant l'obésité comme le plus grand fléau mondial actuel, que demain (moment futur) je serai certainement malade et obèse. Je suis dans le moment présent au calme et sans tension, mais une tension physiquement et psychologiquement palpable apparaît dès que je commence à penser ou à imaginer des choses qui n'ont strictement aucune réalité. Je ne suis pas en mesure d'utiliser ma raison, ni mon jugement, ni même mon intelligence. Je suis tendu, et la machine qui est en moi et me « nourrit » de toutes ces pensées tourne dans ma tête sans produire autre chose qu'une tension grandissante. J'ai beau essayer de stopper ces pensées qui arrivent à toute vitesse et créent un scénario catastrophe, cela ne marche pas ; bien au contraire, mon état empire...

Il me faut différencier cette partie de moi, qui affabule totalement, de la partie utile de mon cerveau qui s'appelle la *réflexion*. Lorsque je fais appel à celle-ci, je m'assieds et pense au scénario voulant que je devienne obèse. Je suis dans le moment présent en train de penser à un scénario futur. J'utilise mon intelligence, ma créativité, mon intuition afin de tenter d'apporter des solutions au problème. À ce moment-là, si je suis attentif, je remarque que mon corps ne manifeste *aucune tension*, tout au plus une légère excitation.

Le corps parle ainsi à la personne qui *imagine* le futur au lieu de *réfléchir* au futur – et que lui dit-il ? Arrête de te projeter dans le futur, reviens ici et maintenant ! Si la personne s'autorise à vivre cela, elle constatera de façon immédiate que la détente apparaît, preuve physique que la stimulation a cessé d'exister.

En découvrant que le passé existe, le petit enfant fait l'expérience d'autres tensions : la mauvaise conscience, la culpabilité, le remords, le regret. Une tension psychologique et physique s'associe de façon plus ou moins intense à ces états. Cette tension est ressentie au présent, mais elle est la résultante du combat entre deux parties de la personne : celle qui vit dans le présent et celle qui pense au passé. Imaginons cette autre situation : je suis assis calmement dans mon salon et me mets à penser que j'aurais dû m'acheter, il y a quelques mois, le fameux médicament censé guérir de la grippe qui va très certainement m'atteindre ! De nouveau, je ne réfléchis pas, je n'utilise pas mon cerveau avec ses capacités fabuleuses d'élaboration de stratégies et d'inventivité ; je suis simplement en train de penser que voilà quelque temps j'aurais dû faire quelque chose que je n'ai pas fait. Je ne me permets même pas de ressentir la contrariété ou la colère éventuellement liée à cet épisode, je réinvente un passé inexistant qui crée une tension en moi. Que vient me dire la tension dans mon corps ? Arrête de « penser » au passé, reviens ici et maintenant ! Si je m'autorise à le faire, la détente apparaît immédiatement. Celle-ci est le signe que mon corps emploie pour me dire que je suis à nouveau dans le moment présent et que, par conséquent, la stimulation à laquelle j'ai été soumis – ou plutôt que je me suis créée ! – a disparu pour faire place à une période de repos compensatoire.

La comparaison avec les autres

L'enfant, au cours de son éducation, reçoit aussi en cadeau l'idée que, dans la vie, il faut se comparer aux autres et vivre par rapport à eux : être plus fort, plus créatif, plus intelligent, plus performant, bref, meilleur que les autres ; si tel n'est pas le cas, il est alors considéré comme étant moins fort, moins créatif, moins intelligent et moins performant que les autres, soit limité, sinon « mauvais » ou « nul ». Ce besoin de comparaison n'existe pas chez l'enfant en bas âge. Malheureusement, le monde adulte le lui inculque très vite « afin de l'aider à devenir compétitif dans cet univers cruel et difficile dans lequel, si l'on n'est pas le meilleur, on ne survit que mal »...

Cet esprit de comparaison n'a bien évidemment rien à voir avec le véritable esprit de compétition. De nouveau, la différence va nous être fournie par le corps et ce qu'il nous présente : tension ou détente ? Une personne ayant l'esprit de compétition n'est pas tendue lorsqu'elle observe les autres. Elle respecte son adversaire et tente de le battre ou de le dépasser avec des moyens loyaux ; cela ne signifie pas qu'elle appréciera d'être battue et de se retrouver au second rang ; simplement, elle ne se situe pas dans la comparaison et les jugements de valeur. Elle est détendue et, du reste, doit l'être afin d'atteindre le sommet de son art. La personne qui se livre à des jugements de valeur et établit des comparaisons ne fonctionne que par rapport aux autres ; son corps va immédiatement le lui signifier en faisant apparaître une tension. Que lui dit celle-ci ? Arrête de te comparer et de fonctionner par rapport à des normes qui ne sont pas les tiennes, arrête de juger, reviens à toi qui n'existes pas par rapport aux autres mais pour toi-même et par toi-même. Dès que la personne s'autorise à faire cela, une détente apparaît, signe du corps qu'elle est parvenue à ses fins.

Le savoir acquis et les croyances versus le savoir inné

L'enfant, au cours de sa croissance, hérite des croyances de ses parents, de ses éducateurs et des autres personnes qui l'entourent : il est parfait et même souhaitable de sourire, beaucoup moins de pleurer et encore moins de crier ; il est bon de ne pas se faire remarquer par des accès de colère, et encore mieux de rester maître de soi et de la situation ; il n'est pas bien vu de pleurer, parce que cela dérange, mais surtout parce que l'autre risque d'en conclure que nous sommes faibles. L'enfant se voit aussi consolé dès qu'il est triste : on lui dit gentiment de ne pas pleurer, car cela n'en vaut pas la peine ; on lui explique que, face à un événement difficile, il ne faut pas réagir, mais l'accepter et aller de l'avant sans se laisser envahir par des émotions qui ne sont là que pour nous freiner et nous affaiblir.

L'enfant comprend très vite que certaines émotions ne sont pas bonnes, voire sont négatives : la tristesse et la colère deviennent ainsi des émotions à éviter, sinon à annuler ou ignorer. La société participe à cet état de choses par ses normes qui définissent ce qui est acceptable ou non, et par ses interdits. Quant à la psychiatrie, elle conforte tout ce beau monde en faisant appel à des méthodes prétendument « scientifiques ».

Que se passe-t-il lorsque l'enfant, et plus tard l'adolescent et l'adulte, a envie de pleurer et que, pour toutes ou partie des raisons exposées, il ne se le permet pas ? Une tension psychologiquement et physiquement palpable surgit. Elle est perçue comme un nœud au ventre, un serrement de gorge, un poids sur la poitrine ou une respiration plus courte et superficielle. Que lui dit cette tension ?

Arrête de bloquer ton envie de pleurer et laisse-toi vivre la tristesse qui est en toi. Si l'émotion est vécue totalement et pleinement, la tension disparaît immédiatement et la détente prend sa place ; celle-ci est le signal donné par le corps signifiant que, le blocage de l'émotion ayant cessé, une période de repos s'est produite.

L'enfant, au cours de son éducation, est aussi exposé et confronté au savoir dispensé par la société dans laquelle il vit. Toute société, quels que soient son régime politique, la culture ou la religion dominante de ses membres, établit des normes et des références auxquelles elle tient, et dont elle organise la transmission à l'enfant, à l'adolescent et à l'adulte par le biais d'un vaste réseau plus ou moins compétent et sérieux : les parents et la famille proche, les éducateurs, les professeurs, les religieux, les hommes politiques, les médias et toutes les autres parties de la société chargées de faire circuler l'information nécessaire à la vie en commun. Il est évident que ce qui est transmis peut s'avérer plus ou moins complet, plus ou moins partial et partisan, mais là n'est pas mon propos. Cette information est codée et formatée ; elle est donnée par des acteurs qui sont eux-mêmes moulés et payés par la société. Or, ce savoir acquis peut entrer en conflit avec le savoir inné qui existe chez tout être humain dès la naissance, et qui inclut, notamment, l'intuition, toutes sortes d'informations disponibles en nous et autour de nous, et la créativité. Ce savoir n'est pas formaté, il est présent à l'intérieur de chaque être humain dès sa naissance, et peut-être avant !, et ne correspond pas forcément aux normes qui sont imposées par le monde extérieur.

Le savoir inné est une partie importante de ce que l'on a tendance à appeler « la personnalité » de l'individu. Il est unique et permet à celui-ci de vivre, de créer et d'exister en fonction de lui-même, des autres et du groupe. Cela ne veut pas dire que l'individu est en opposition constante avec le groupe dans lequel il évolue, plutôt qu'il n'est pas en résonance permanente avec ce groupe et son savoir acquis.

Que se passe-t-il lorsque les deux savoirs sont dissonants ? Reprenons notre exemple : si mon savoir inné me souffle de façon insistante à l'oreille que la société dans laquelle je vis se moque des gens – et donc de moi – en leur laissant croire qu'il suffit qu'ils mangent quelques sandwiches pour devenir obèses, il va à l'encontre de mon savoir acquis qui récite la leçon « scientifiquement » énoncée par l'OMS et reprise par certains politiques et groupes médiatiques. Une tension apparaît immédiatement. Que me dit-elle ? Que quelque chose en moi n'est pas en résonance avec mon savoir inné. Si je décide d'écouter mon savoir inné, une détente s'installe immédiatement ; j'en tire les conclusions qui s'imposent et agirai désormais en fonction de mon savoir inné. Dans le cas contraire, la tension perdure, signe que je ne me respecte pas. Bien entendu, il peut arriver que je ne sache pas ce qui appartient à l'un ou à l'autre des savoirs ; dans ce cas, mon corps va m'apporter la réponse : si je suis tendu, c'est qu'il y a dissonance ; il faut alors tester l'autre réponse possible, qui apportera la détente, preuve de la résonance.

L'enfant, au cours de son éducation, est aussi exposé aux croyances des gens qui l'entourent et de la société dans laquelle il vit. Qu'est-ce qu'une croyance ? C'est du savoir acquis par excellence, c'est ce qui est répété à chacun d'entre nous par l'entourage proche, les parents, la famille élargie, les éducateurs. C'est, par exemple, un enfant à qui l'on a souvent dit qu'il est un imbécile et qui a fait sien ce jugement ; un enfant, dans ses premières années, a en effet une immense facilité à apprendre, car son système cérébral est hautement performant, mais il ne dispose d'aucun sens critique.

Le cerveau humain a la capacité de mémoriser une quantité inimaginable de comportements et de croyances. De la naissance à l'âge de deux ans, il fonctionne surtout à partir d'ondes de basse fréquence, les ondes delta. Puis, de deux à six ans, un enfant développe des ondes d'activité cérébrale dont la fréquence est plus élevée, les ondes thêta. Ces deux types d'ondes l'aident à acquérir un grand volume d'informations qui lui permet à la fois de mieux organiser ses comportements et de mieux influencer le monde extérieur. Du reste, ces ondes sont celles qu'utilisent les hypnothérapeutes. Vers l'âge de 12 ans apparaissent des ondes de haute fréquence, les ondes bêta. Elles permettent une conscience active et focalisée, par exemple l'activité cérébrale nécessaire à la lecture. Avec l'âge entrent en jeu les ondes alpha qui protègent du monde extérieur. L'activité alpha équivaut à un état de calme mental.

Les jeunes enfants observent attentivement ce qui se passe dans leur milieu ambiant et acquièrent la sagesse que leur lèguent leurs parents par le biais de leur mémoire subconsciente. Ils adoptent le comportement et les croyances de leurs parents. Les bébés sont capables d'apprendre des tâches complexes par simple observation et sans avoir besoin d'être activement encadrés. Ces croyances, attitudes et comportements de base observés chez les parents sont intériorisés, traçant des voies synaptiques dans le subconscient. Si un jugement tel que : « Tu es un imbécile » est émis par les parents, l'enfant mémorise cet avis comme s'il s'agissait d'une vérité absolue, car sa conscience n'est pas encore assez évoluée pour faire la différence entre l'absolu et les nuances. Une fois intégrées, ces insultes agissent comme des vérités qui modèleront le comportement et le potentiel de l'enfant sa vie durant, sans même qu'il en ait conscience.

Quand ils arrivent à l'adolescence, les enfants débordent d'informations : savoir marcher, savoir qu'ils sont imbéciles ou le contraire ! Les croyances qu'ils ont héritées de leurs parents se comparent à une banque de programmes destinés au décodage des signaux de l'environnement et à l'activation de comportements types, sans qu'interviennent ni questions ni jugements. Elles constituent un disque dur sur lequel s'enregistrent les expériences de vie.

Les programmes, eux, s'apparentent à des séquences de stimuli-réactions. Les stimuli sont des signaux détectés par le système nerveux, pouvant provenir du monde extérieur ou du monde intérieur (émotions, plaisir, douleur). Lorsqu'un stimulus est perçu, il déclenche automatiquement la réaction comportementale adoptée la première fois qu'il a été perçu. Cette banque, que certains appellent le *subconscient*, ressemble ainsi à un pilote automatique. Elle parvient à interpréter environ vingt millions de stimuli par seconde et est un des plus importants processeurs d'informations connus. Elle observe à la fois le voisinage et la conscience interne ; elle décode l'environnement et met en action les comportements acquis sans l'aide ni la supervision du conscient. Elle correspond à ce qui est appelé le *cerveau primitif*, qui commande chez les animaux.

Cette banque est donc bourrée de croyances qui appartiennent à d'autres personnes qu'à l'individu et le coupent non seulement de son savoir inné, mais aussi de la partie spirituelle qui le relie au Tout et que j'ai appelée le *noyau fondamental* dans *Les Tremblements intérieurs*[3]. Ce noyau va bien au-delà de la simple spiritualité ; il est la partie du Tout qui est en chaque individu et le relie à ce Tout. Le savoir inné, qui en constitue une partie, entre souvent en opposition avec le système de croyances dont l'enfant a hérité. Le noyau, lui, est sans limite, il symbolise la grandeur, et est en communication avec le Tout ; son opposé (la limitation, la restriction, la petitesse, l'enfermement et la non-communication) caractérise très souvent le système des croyances. Que ressent un enfant lorsqu'il se retrouve enfermé dans un système qui le réduit à ce qu'il n'est pas ? Une tension physiquement palpable. Que lui dit son corps au travers de celle-ci ? Arrête d'accepter comme étant à toi un jugement qui ne vient pas de toi. Reviens à toi, en toi et reprends contact avec ton noyau fondamental. La preuve qu'il est bien revenu à lui-même et à ses propres valeurs lui sera fournie par une détente physiquement palpable.

Le mental des « Il faut » et des « Je dois »

Nous venons de voir que l'enfant, en grandissant, doit faire face à des tensions plus nombreuses qu'au début de sa vie ; il est en effet exposé à toute une panoplie de choses qui relèvent d'un même registre : le mental que nous définissons comme étant ce qui :

- nous coupe du moment présent et nous projette dans le futur ou le passé ;
- nous coupe de la reconnaissance de l'émotion et nous empêche de la ressentir et de l'exprimer ;
- nous coupe de notre savoir inné et de notre noyau fondamental.

Chaque intervention du mental provoque une tension, et chaque disparition une détente. C'est cette machine infernale qui tourne dans notre tête, ce bric-à-brac intérieur qui nous fait dire n'importe quoi et penser dans le vide sans aucune productivité. L'ego, le « petit vélo » et le « hamster » sont trois expressions que j'emploie comme des synonymes de ce mental.

Le mental est malheureusement très puissant et très présent dans la vie de tout un chacun. Il est le produit de notre éducation et ne présente aucune utilité : par les peurs et la culpabilité qu'il crée de toutes pièces et qui ne correspondent à aucune réalité, il nous empêche de vivre nos émotions de joie, de tristesse et de colère afin d'aller de l'avant ; il bloque également notre spontanéité, notre intuition et notre créativité.

Il arrive cependant que le mental soit utile : pour se protéger d'agressions insupportables, notamment pendant l'enfance. Il permet alors à l'enfant de survivre en le coupant de ses émotions – du manque d'Amour lié aux blessures d'abandon, par exemple. À plus long terme, cette coupure produit cependant des tensions extrêmes qui se révéleront être des bombes à retardement et se traduiront par un mal-être profond et des maladies au cours de la vie ultérieure.

Le mental est le non-Amour par excellence. Non seulement il nous coupe de nous-mêmes en nous projetant ailleurs qu'ici et maintenant et en nous empêchant de vivre ce qui fait la base de la vie : nos émotions, mais encore il exerce une intense activité en tant que censeur, jugeant de tout, nous comparant aux autres, le plus souvent en notre défaveur, et essayant de nous réduire à l'état de mouton bêlant. Il émet constamment des ordres nous intimant de jeter aux orties notre personnalité afin de revêtir les oripeaux de la masse. Il nous fait vivre avec des « Il faut » et des « Je dois » au lieu de « J'ai envie ». C'est aussi lui qui nous fait agir pour ou contre quelque chose ou quelqu'un plutôt que pour nous. Il fait tout pour que nous n'existions qu'au travers des autres en nous oubliant totalement ; il est la force qui nous empêche de dire non à l'autre par peur d'être rejeté ou abandonné. C'est le bavard qui ne nous permet pas d'appréhender le silence et ses richesses ; c'est celui qui nous entraîne à *faire plus*, plutôt qu'à *être plus*.

Comme nous l'avons vu précédemment, c'est la bagarre entre le mental et nous-mêmes qui produit les tensions que nous ressentons dans notre corps. Ce dernier nous transmet divers messages afin de nous prévenir de l'intervention du mental pour que nous le fassions taire et nous détendions. Tant que le mental est actif, la perspective d'aller bien ou mieux est pure illusion.

Comment faire taire le mental ?

Lorsque nous pensons à un problème qui nous préoccupe, nous ressentons des tensions, signe que notre mental est actif : soit il nous pousse vers le futur et le cortège de peurs et d'appréhensions que celui-ci suscite, soit il nous renvoie au passé avec la culpabilité qui y est liée ; dans les deux cas, il nous empêche de ressentir et d'exprimer les émotions liées au problème auquel nous sommes exposés et il nous bloque dans la recherche créative d'une solution ; et dans les deux cas, qui peuvent du reste être combinés, le corps nous prévient par une tension. C'est ce qui me fait dire qu'il est notre meilleur ami. Si nous comprenons ce message, ce qui est déjà une preuve que nous sommes à l'écoute de nous-mêmes, il nous appartient alors d'agir afin de nous détendre, même de façon passagère, pour nous sentir mieux. Il existe trois approches pour essayer d'y parvenir, mais une seule est réellement efficace.

Chasser le mental à l'aide du mental

Adoptant cette approche, nous nous disons qu'il nous faut arrêter de penser à ce problème, que cela suffit, qu'autre chose devrait nous occuper... Malheureusement, cela ne marche jamais ; bien au contraire, le plus souvent, nous y pensons encore plus ! Nos amis et nos proches nous disent régulièrement : « Mais arrête de penser à ça, lâche prise ! » Nous-mêmes nous répétons ces phrases toutes faites qui ne conduisent qu'à les ressasser davantage et à être encore plus tendus qu'avant. Il est par conséquent illusoire de penser que nous pouvons chasser le mental à l'aide du mental.

Maîtriser le mental

Cette approche nous invite à nous aider de notre mental pour créer une image représentant un objet ou un paysage : une rose, une plage avec un cocotier. En nous concentrant sur cette image par la visualisation, nous devons ensuite faire en sorte qu'elle s'installe en nous, puis prendre le temps de faire la visualisation ; celle-ci est censée nous apporter le calme en atténuant ou en faisant disparaître nos tensions.

Cet exercice fait partie des exercices de maîtrise du mental, car nous utilisons le mental afin qu'il ne nous utilise pas. La création de notre image fictive est en effet l'œuvre du mental – il n'y a pas plus de rose que de plage… Une illusion d'image créée par notre mental nous permet d'occuper ce dernier à quelque chose de plus agréable que ce qui l'occupait jusque-là, d'où l'apparition d'une certaine détente. Bien entendu, celle-ci ne sera que de courte durée, et il nous faudra retourner à l'image ; cela peut s'avérer assez épuisant et, surtout, nous faire passer beaucoup de temps hors du présent… De plus, et c'est le plus grand reproche que je formulerai à l'endroit de cette approche, nous restons en présence du mental qui est non seulement prêt à redémarrer, mais encore qui nous coupe toujours de nos émotions et de notre savoir inné. Le grand danger est compris par tous : les tensions liées aux émotions non vécues subsistent et ne sont pas reconnues. Il va falloir faire et refaire l'exercice afin de mettre des couches et des couches de « relaxation » pour essayer de ne pas toucher de près aux tensions liées aux émotions bloquées par le mental.

« Éteindre » le mental

En adoptant cette approche, nous reprenons contact avec notre corps physique et nos cinq sens. Il ne s'agit nullement de méditation ni de relaxation, mais *simplement* de *revenir au moment présent*, ici et maintenant, seul temps pendant lequel nous sommes attentifs à nous-mêmes. Pour ce faire, nous devons orienter notre attention vers les différentes parties de notre corps, en commençant par le bas et en remontant jusqu'en haut tout en faisant porter notre attention sur notre respiration. Il ne s'agit pas de forcer l'expiration ou l'inspiration, mais simplement de porter attention au fait que nous inspirons et expirons. Une fois tout le corps passé en revue, nous déplacerons notre attention sur nos cinq sens : la vue, le toucher, le goût, l'odorat et l'ouïe.

Le but est d'éteindre le mental afin de revenir au présent et d'accéder au silence. Cela procure une détente, car, le futur et le passé n'existant plus, toutes les tensions appelées peurs et culpabilité disparaissent. Bien entendu, nous allons alors nous retrouver aux prises avec les émotions liées au problème qui nous préoccupe (colère, tristesse), et il nous faudra les vivre ; mais dans le même temps, comme nous avons de nouveau accès à notre savoir inné, celui-ci nous aidera à rechercher une solution.

Cette approche est la seule qui permette de revenir dans le présent tel qu'il est et non tel que le mental le crée ; c'est la seule qui nous amène à reprendre contact avec nos émotions et, ce faisant, nous aide à les exprimer ainsi qu'à nous relier à notre savoir inné et à notre noyau fondamental. Il est certain qu'une fois le mental éteint il tentera de revenir au grand galop ; il est donc illusoire de penser qu'en pratiquant cet exercice une fois par jour notre mental s'arrêtera pendant 24 heures ! Mais plus nous pratiquons l'exercice, plus vite nous nous rendons compte que le mental est de retour et que nous pouvons de nouveau l'éteindre. Il y a des jours où il nous faut l'éteindre deux cents, trois cents fois, et d'autres où cela est plus simple. De nombreuses personnes rétorquent qu'elles n'ont pas le temps de faire cet exercice parce qu'elles sont occupées à travailler ou à autre chose. Ce genre de prétexte est encore un des pièges du mental. Se situer dans le moment présent permet en effet d'être beaucoup plus efficace, car la concentration, la mémoire, l'écoute et le savoir inné sont alors pleinement actifs.

Réussir à faire taire le mental, comme nous l'avons vu précédemment, permet à la personne de se retrouver ici et maintenant, et de reprendre contact avec ses *émotions*. Lorsqu'on ressent une joie, c'est en effet au moment présent, non hier ou demain, même si elle est liée à un événement passé ou à une perspective future. Tant que l'émotion n'a pas été vécue, elle demeure intacte dans la personne.

Nous avons vu que les peurs et la culpabilité sont une création du mental et qu'elles n'ont aucune réalité. Elles sont des illusions absolues, ne reposent sur rien de réel et n'appartiennent qu'au monde du fictif. Dans la réalité et dans l'ici et maintenant, il existe trois grandes familles d'émotions : la famille des joies, celle des tristesses et celle des colères. Il est naturel d'avoir et de ressentir des émotions et tout aussi naturel de les vivre, c'est-à-dire de les exprimer.

Lorsqu'un enfant éprouve de la joie, il ne viendrait à l'esprit de personne de lui demander de ne pas la vivre. Si je disais à ce moment-là à l'enfant qu'il n'est pas bien de sourire ou de rire car cela me dérange, j'imagine que les parents que vous êtes réagiriez violemment, et avec raison. Nul ne fait de mal en exprimant sa joie. Pour cette raison, chacun d'entre nous se voit encouragé à vivre et à dire sa joie sans que quiconque le censure.

Comme nous le savons tous, il n'en va pas de même avec la tristesse et la colère. La censure s'exerce contre elles dès le plus jeune âge. C'est ainsi que le mental est créé de toutes pièces chez l'enfant et qu'il va continuer de sévir pendant l'adolescence et l'âge adulte. C'est ainsi également qu'en hériteront les enfants de l'enfant devenu adulte. Il n'y a rien de génétique à rechercher là, car la transmission orale, et écrite !, suffit malheureusement parfaitement à expliquer les choses.

Que deviennent nos émotions lorsque le mental est actif ?

Nous avons vu que le « petit vélo » nous empêche de reconnaître, de ressentir et d'exprimer nos émotions. Cet empêchement se traduit dans notre corps par une tension, signe qu'une stimulation perdure sans qu'existe de repos compensatoire. Nous savons maintenant les risques que cela représente pour la santé.

Si cette tension subsiste, rien n'étant fait pour l'éliminer, de la fatigue peut apparaître, que la personne va ressentir dès le lever et qu'elle va traîner avec elle toute la journée ; des coups de pompe subits peuvent se surajouter, la concentration devenir difficile et des troubles du sommeil survenir. D'abord passagers, ces troubles vont bientôt s'installer et perturber la vie quotidienne. Nous avons vu que les anticorps, responsables de nos défenses immunitaires, se trouvent neutralisés dans leurs capacités à nous défendre contre les agressions virales, bactériennes et autres; des maladies peuvent par conséquent apparaître. Tous ces signes nous sont donnés par notre corps afin d'attirer notre attention sur le fait qu'il existe un problème auquel nous n'accordons pas assez d'importance. Quel est ce problème? Que nous éprouvons de la tristesse ou de la colère? Ou que nous ne nous permettons pas de ressentir ou de vivre ces émotions? Bien évidemment, la deuxième proposition est la bonne! Mais qui est responsable de ce blocage? De nouveau notre mental!

Le mental peut en effet nous conduire à ne pas reconnaître certaines de nos émotions. Un exemple courant est notre réaction lorsqu'une personne est malade dans notre entourage. Qu'éprouvons-nous? Nous nous sentons impuissants, inutiles et désarmés devant sa souffrance. De plus, si la personne est à l'hôpital, dans une maison de convalescence ou quelque autre établissement, nous passons beaucoup de temps en déplacements et en discussion avec le personnel soignant, ce qui est souvent peu agréable. Nous avons conscience de tout cela, pourtant nous ne nous avouons pas une chose très simple: nous ressentons de la colère – et non de la tristesse! Avons-nous le droit d'être en colère contre une personne souffrante? Oui, répond notre être profond; non, répond notre mental qui parle au nom de notre éducation! Nous voyons immédiatement l'opposition entre les deux qui, d'une part, va provoquer une tension dans notre corps et, d'autre part, risque fort de se terminer par la non-reconnaissance de l'émotion vécue, compte tenu du fait que celle-ci est inacceptable pour la partie raisonnable et éduquée de notre être. Du coup, nous disons que nous sommes tristes (comme si la personne était déjà morte!), car la tristesse est beaucoup plus acceptable que la colère, à la fois pour la société et notre ego. En même temps, nous ajoutons que nous sommes fatigués, ce qui est vrai étant donné les tensions générées.

Dans de nombreuses situations, nous avons ainsi tendance à ne pas reconnaître l'émotion ressentie ou à nous tromper d'émotion. Comme nous venons de le voir, il est plus aisé de dire ou de se dire que nous sommes tristes qu'en colère, car cette émotion est acceptable à nos yeux et aux yeux des autres ; elle nous fait apparaître plus humain, comme une « bonne personne ». La colère étant l'émotion mal aimée par excellence, il est souvent difficile de s'accorder le droit de la ressentir, d'où le fait qu'on l'ignore ou qu'on la travestisse en tristesse. Dans les deux cas de figure, le mental est le maître d'œuvre. Mais le corps, notre meilleur ami, veille et tente immédiatement d'attirer notre attention en nous faisant ressentir une tension. Si, comme nous en avons l'habitude, nous ignorons ce signe, il insistera et des symptômes plus importants, voire des maladies, risquent d'apparaître.

Très souvent, c'est l'émotion qui est tenue pour responsable du mal-être ou de la tension, non le mental. « C'est parce que je suis triste que je suis mal », entend-on dire. Dans ce cas, la personne essaye d'expliquer, d'une part, que cela ne lui fait pas du bien d'être triste et qu'elle préférerait être joyeuse, d'autre part, qu'être triste est équivalent à ne pas être bien. En réalité, elle exprime, généralement sans s'en rendre compte, qu'elle est totalement dans son mental qui juge que la tristesse n'est pas une bonne émotion ; cette assertion est courante dans les écrits sur les émotions et dans le discours de bien des personnes qui se targuent de savoir ce que sont les émotions. Il existe d'un côté les bonnes émotions (joie, Amour), et de l'autre les mauvaises (tristesse, colère, envie, etc.) ; le but étant de ne plus vivre que les bonnes, et même, pour certains, de ne plus éprouver d'émotion du tout ! Cela est absolument ridicule ; les émotions ne sont en effet ni mauvaises ni bonnes, elles sont ! Elles existent et constituent la base de la Vie. Essayer de les nier, de les minimiser, de les supprimer équivaut à ne pas se laisser exister ou à ne pas reconnaître à l'autre le droit d'exister. C'est, par conséquent, l'expression par excellence de l'absence d'Amour, qui ne peut résulter que du mental. Il est intéressant de constater que cette attitude est fortement répandue dans de nombreux cercles prétendant se situer dans l'Amour et le non-pouvoir alors qu'ils ne sont que des caricatures de leurs prétentions.

L'autre point que la personne essaye de souligner en tenant ce discours est que sa tristesse la rend « mal ». Que veut-elle dire par ce mot ? Qu'est-ce que son corps lui présente comme signe physique ? Une tension ou une détente ? La réponse est évidente : une tension, signe que son corps lui donne pour la rendre attentive au fait que son mental est aux commandes. Cela signifie que la personne soit ne s'autorise pas à ressentir sa tristesse, soit ne se donne pas la permission de l'exprimer. Dans les deux cas, le mental exerce un blocage et une tension surgit. Ce n'est donc pas l'émotion qui est directement ou indirectement responsable du mal-être, mais bien *le blocage de l'émotion par le mental.*

« J'ai explosé en face de l'autre et je me sens mal depuis... », entend-on souvent dire aussi. La personne tente d'expliquer qu'elle a exprimé sa colère vis-à-vis de son interlocuteur, et que la résultante est un mal-être. Elle se sent coupable d'avoir agi de la sorte et de ne pas être parvenue à se contrôler. En tant qu'observateur, que pouvons-nous en conclure ? La personne est-elle tendue ou détendue ? Elle est en tension, ce qui veut dire que son mental est très présent. De plus, elle ajoute que le résultat de son attitude est qu'elle se sent coupable. Nous sommes face à une personne qui se trouve totalement sous l'emprise de son mental.

Le mot « exprimer » est important : il signifie « sortir hors de soi ». Si l'on parle d'exprimer sa colère, par exemple, il s'agit bien de la faire sortir hors de soi, mais cela n'implique pas qu'on le fasse en présence de l'autre. La souffrance de la personne qui se sent mal parce qu'elle n'a pas exprimé une émotion donnée lui est propre et ne concerne qu'elle-même. C'est par conséquent seule et pour elle-même qu'elle doit exprimer ce qu'elle ressent. Si elle s'en prend à l'autre, c'est qu'elle a besoin de lui pour exister et qu'elle tente de se faire du bien en l'agressant ; ce choix est celui de son mental et va se révéler contre-productif, avec pour résultante l'apparition de la culpabilité et non d'une détente. Ce qu'aura vécu la personne n'a rien à voir avec *exprimer sa colère*, mais tout à voir avec *faire une crise de rage*. La différence entre les deux est immense. Beaucoup de personnes confondent pourtant la colère et la rage. Notre corps nous aide à les différencier : une détente suit l'expression de la colère, alors que c'est une tension qui succède à une crise de rage. Dans cet exemple, l'émotion est de nouveau tenue pour responsable du mal-être, alors qu'en réalité le responsable est le mental qui en bloque l'expression.

Le mental est à l'origine de la tension ressentie; celle-ci provient de ce que la stimulation engendrée par l'événement déclencheur n'est pas suivie d'un repos compensatoire qui permettrait l'apparition d'une détente. Pourquoi la stimulation ne cesse-t-elle pas? Parce que le mental coupe la personne d'elle-même et l'empêche de reconnaître, de ressentir et d'exprimer ses émotions; le vécu émotionnel qui induirait une détente et permettrait de mettre un terme à la stimulation n'existe pas. On peut facilement imaginer ce qui se passe lorsqu'une émotion est bloquée par le mental pendant des mois, voire des années...

Chapitre 2

Apprendre à se battre pour soi

Nous venons de décrire les réactions physico-chimiques de notre corps lorsque nous sommes confrontés à une stimulation. Nous avons aussi indiqué ce qui se passe lorsque la stimulation perdure, si nous ne trouvons pas la manière de nous détendre, et les effets négatifs à moyen et long terme de ce « stress ». Nous savons également que le grand responsable de cet état est le mental tel qu'il a été défini dans le chapitre précédent.

Lorsque nous devons faire face à une situation difficile ou à une épreuve, ce à quoi la vie nous confronte de façon régulière, nous disposons de plusieurs possibilités de réaction ou d'action. Explorons certaines de celles-ci en prenant quelques exemples.

Jacques s'écroule

Jacques, âgé de 52 ans, est marié et a deux fils de 18 et 20 ans. Depuis de nombreuses années, il exerce avec succès la profession de gestionnaire de fortune, à son compte. Ses enfants ne lui posent pas de problème, ils réussissent très bien ; quant à sa femme, qui travaille elle aussi, Jacques s'entend bien avec elle.

En novembre 2008, il est particulièrement frappé par la crise financière et doit faire face à des pertes importantes dans les portefeuilles de ses clients ; par ricochet, sa société souffre d'un manque à gagner conséquent. Il se sent coupable tout en devant faire face à des clients mécontents d'avoir perdu de l'argent. Certains se montrent même agressifs envers lui ; deux vont jusqu'à le menacer d'intenter une action juridique, sans avoir du reste aucune raison d'agir ainsi ; mais Jacques panique à l'idée de ce qui pourrait lui arriver s'ils mettaient leurs menaces à exécution.

Jacques vient me consulter et me raconte son histoire. Il est visiblement fatigué, nerveux, tendu comme une corde ; il semble abattu et sans ressort. Il m'explique qu'il est angoissé à l'idée de tout perdre sur tous les plans dans sa vie qui n'a été jusqu'à présent qu'une série de réussites, qu'il n'ose plus faire face à ses clients, qu'il ne parvient plus à rester calme et serein devant les chiffres qu'il reçoit des banques avec lesquelles il travaille. Il a arrêté toute activité sportive, n'a plus de goût à rien et se sent exténué tant physiquement que moralement. Il dort très mal, éprouve des difficultés à s'endormir et se réveille régulièrement vers les 3 heures du matin sans toujours pouvoir se rendormir. Il se lève donc, mais se sent ensuite fatigué toute la journée. Sa tension artérielle est élevée, ce qui est un fait nouveau. Il pleure très souvent, et les décès de ses père et mère, disparus quelques années plus tôt, remontent à la surface...

Il est allé consulter un psychiatre en urgence, qui lui a dit qu'il souffrait d'une dépression grave et qu'il lui fallait suivre une thérapie soutenue à raison de deux séances par semaine. Il a également commencé à prendre un antidépresseur qu'il supporte mal, car celui-ci semble provoquer chez lui des troubles de la concentration et de la mémoire ainsi que des problèmes de sudation et de sécheresse des muqueuses importants et fort désagréables. Le psychiatre lui ayant répondu que ces symptômes faisaient partie des effets secondaires du médicament et qu'ils allaient disparaître au bout d'un certain temps, Jacques prend son mal en patience. Il accepte le diagnostic de dépression, posé par un professionnel, car il le rassure et est une façon de reconnaître sa souffrance.

Ne voyant néanmoins pas d'amélioration rapide à son état, il désire savoir s'il ne pourrait pas emprunter un chemin plus court afin d'aller mieux plus vite, tout en souhaitant continuer le traitement entamé. Il faut bien, me dit-il, qu'il se sorte de cette dépression dans laquelle l'a plongé la crise financière mondiale dont il n'est pas responsable.

Jacques a été exposé, et continue à l'être, à un événement difficile : la crise financière qui cause des problèmes dans le monde entier. Comment fait-il face à cette crise et à ses conséquences sur sa situation professionnelle et privée ? Il subit, s'écroule devant elle et la rend responsable de son mal-être ; il démissionne devant la tâche de reconstruction qui pourrait être la sienne : tout faire afin d'épargner à ses clients d'autres lourdes pertes. Il est plongé dans la souffrance physique et psychologique, la dévalorisation et l'angoisse. Tout son discours consiste à dire qu'il n'est responsable de rien de ce qui lui arrive et que, tant que la crise durera, il ne pourra que la subir en essayant d'en limiter les effets en attendant des jours meilleurs. Bien évidemment, il trouve tout cela fortement injuste ; mais, ne sachant pas à qui en vouloir, il essaye tant bien que mal de « survivre ». Il ne ressent rien, si ce n'est de la culpabilité et des peurs qui peuplent ses nuits et l'empêchent d'affronter ses clients et ses problèmes. Il est conforté dans son attitude par le diagnostic posé par le psychiatre ; ce dernier le dédouane en effet de toute responsabilité puisqu'il lui dit qu'il souffre d'un trouble de la santé bien connu principalement dû à une déplétion d'une hormone : la sérotonine. C'est du reste pour cette raison que l'antidépresseur lui est ordonné par ce médecin providentiel qui s'offre aussi à l'aider au moyen d'une thérapie cognitivo-comportementale. Mais étant impatient, et surtout perdu !, Jacques désire aller mieux plus vite en essayant d'allier cette approche classique et rassurante avec une autre moins classique mais, « paraît-il, efficace »...

Jacques, qui est en grande souffrance, est une victime consentante de la société : il est victime de la crise financière qui, bien évidemment, le dépasse en tant qu'individu ; il est victime de sa dépression qui, bien évidemment, est inéluctable vu ce qu'il subit sur le plan professionnel ; il est victime de son diagnostic et de son traitement qui, bien évidemment, sont les conséquences directes de ce qui précède.

À aucun moment Jacques ne se pose la question de savoir s'il pourrait faire autre chose que subir. Tout le système est en place autour de lui pour le conforter dans ce rôle de victime. Sans compter que son traitement, qui combine la prise d'un médicament et une thérapie cognitivo-comportementale, au mieux servira à le déresponsabiliser un peu plus, voire à l'abrutir, au pire surajoutera des effets secondaires aux symptômes existants, ce qui est déjà le cas ! Tout l'environnement de Jacques participe à cette déresponsabilisation et à cette victimisation. L'entourage proche de Jacques est également impliqué dans cette œuvre de déconstruction : lui aussi est rassuré qu'un diagnostic ait été posé par un professionnel, et surtout qu'un traitement « sérieux » ait été entrepris. Il encourage Jacques à prendre ses médicaments et à se rendre de façon assidue à ses séances de thérapie. Il fait en même temps tout pour le distraire, l'empêcher d'être triste, voire le calmer quand lui vient l'idée d'exprimer sa colère. De toute façon, ses explosions émotionnelles se font de plus en plus rares du fait de l'action du médicament.

Les vraies causes du mal-être de Jacques n'étant absolument pas traitées, celui-ci va devoir continuer à prendre son antidépresseur de un an à cinq ans, si ce n'est plus. L'arrêt de ce médicament et le sevrage risquent alors de s'accompagner d'un effet « rebond » avec la survenue probable de rêves désagréables, voire terrifiants, rendant la désaccoutumance difficile. Jacques a toutes les chances de devoir prendre ensuite et assez rapidement un antihypertenseur, doublé ou non d'un diurétique, afin de lutter contre une hypertension débutante ou installée ; s'il lui venait à l'idée d'arrêter ce dernier traitement, il s'exposerait à une brusque hausse de sa tension artérielle, mais également à des accidents cardiaques, rénaux et cérébraux. Ayant arrêté le sport, il risque également de prendre du poids et de devoir suivre un régime alimentaire qui sera inefficace puisque la cause de la prise pondérale n'est pas d'origine diététique mais émotionnelle. Jacques se sentira alors d'autant plus déprécié et doutera de lui et de ses performances. Et je ne parle pas des difficultés que ces éléments risquent de causer dans sa vie privée et affective...

À ce point, quelques remarques me semblent importantes. Le lecteur pourrait en effet se dire que j'exagère, que mon exemple est celui d'une personne particulièrement faible ou influençable, et n'est pas représentatif. Ce serait une erreur, car Jacques n'a rien d'exceptionnel. Il représente malheureusement très bien le patient type qui va mal et s'en remet à l'approche traditionnelle que la société et la médecine proposent.

Jacques s'écroule et il ne se pose pas la question de savoir ce que son corps essaye de lui dire par ses signes. On ne l'aide pas non plus à se poser cette question. Personne ne lui demande de rechercher ce qui ne va pas en lui, personne ne lui demande non plus de mobiliser ses forces pour participer à sa guérison. Tout ce qui est mis en place confirme à Jacques qu'il est un être faible, plutôt qu'un être présentant temporairement certaines faiblesses, et non fiable. Pour ces raisons, il doit être traité par des médicaments et confié à des personnes persuadées qu'elles ont à faire à un patient atteint de maux qui ne peuvent être que soulagés, non pas guéris.

L'*effet nocebo* est absolu et renforce le manque de confiance en soi qui s'est installé chez Jacques. Cet effet bien connu est l'inverse de l'effet placebo. Il se définit comme un phénomène de l'esprit qui, du fait de pensées négatives, nuit à la santé. L'exemple typique est celui du patient qui va chez son cardiologue avec une certaine crainte, car sa tension a déjà été jugée plus élevée que la norme par son généraliste ; il appréhende alors que le cardiologue lui annonce qu'il souffre d'hypertension, et que, si celle-ci n'est pas traitée à vie par une médication, il risque fort soit de faire un infarctus, soit d'avoir un accident vasculaire cérébral susceptible de le rendre hémiplégique, soit enfin de raccourcir notablement sa vie ! Tout ce discours, qui a de bonnes chances d'entraîner à lui seul une poussée hypertensive, achève de persuader le patient que, « pour son bien », il faut qu'il accepte de prendre la médication jugée « hautement nécessaire » par le praticien. À cela près que ce traitement, du fait des multiples pensées négatives auxquelles il est associé, constitue une nuisance supplémentaire qui vient s'ajouter à la tension déjà élevée présentée par la personne souffrante.

Le choix est rarement donné au patient, car le praticien s'arroge toute la responsabilité de la décision sous le prétexte qu'il est un professionnel de la santé. Or, le patient n'est-il pas le premier concerné par ses troubles ? En ce cas, pourquoi ne pas le responsabiliser ? Pourquoi ne pas le traiter comme un adulte conscient de son état et capable d'agir dans le sens de sa santé, plutôt que comme un ignorant devant « pour son bien » se soumettre aux ordres donnés par un professionnel ? Est-il si dangereux de simplement informer la personne sur ce dont elle souffre afin de bénéficier de sa coopération dans ce qu'elle va devoir subir, et surtout savoir si c'est ce qu'elle souhaite ? Pourquoi ne pas respecter la personne souffrante ?

Anne résiste

Anne, âgée de 32 ans, est célibataire et travaille en tant que secrétaire dans une fiduciaire depuis dix ans. Elle adore son travail dans lequel elle est assez perfectionniste, dit-elle. Depuis six mois, elle se trouve pourtant confrontée à une collègue qui fait tout pour la déstabiliser non seulement dans sa vie professionnelle, en la critiquant ouvertement devant d'autres collègues et en dénonçant certaines de ses erreurs à ses chefs, mais aussi dans sa vie personnelle. Anne ne comprend pas cette soudaine agressivité de la part de cette collègue, d'autant plus qu'elles étaient amies jusqu'à présent, qu'elles partageaient des activités en dehors de leur lieu de travail, et que rien de particulier, aux yeux d'Anne, ne s'est passé entre elles qui puisse justifier une telle attitude. Après avoir tenté de discuter avec elle, Anne a décidé de faire preuve de détachement face à ses attaques continuelles en se disant qu'elle se fatiguerait. Elle estime n'avoir rien à se reprocher, et ne désire pas « craquer », car c'est exactement ce que sa collègue attend, me dit-elle.

Sur son lieu de travail, Anne a mis en place toute une stratégie visant à isoler sa collègue à l'intérieur de leur service : elle est allée trouver un de ses chefs qui l'a assurée de son soutien ; elle s'est rapprochée de deux autres personnes et est heureuse de constater que ces dernières lui parlent plus qu'à « l'autre ». Et surtout, elle fait « comme si de rien n'était ! ».

Elle a adopté une série d'occupations qui l'aident à « tenir le coup, le temps que la tempête passe » : elle suit des séances de sophrologie qui lui permettent de retrouver le calme ; elle suit un entraînement de *fitness* quatre fois par semaine, ce qui non seulement lui fait du bien physiquement, mais lui permet d'oublier ce que sa collègue lui a fait subir pendant la journée. Elle sort plus souvent en fin de semaine afin de se distraire, ce qui la conduit à faire des rencontres qui la « divertissent ».

Qu'est-ce que son corps lui dit ? Elle se sent lasse et, depuis quelques mois, connaît des troubles du sommeil ; elle est tendue, se lève fatiguée et le reste toute la journée, y compris pendant le week-end ; elle se sent plus vulnérable et pleure plus souvent « qu'il ne le faudrait » ; elle a des difficultés de concentration et de mémoire. Elle souffre de constipation, de ballonnements douloureux et de maux de tête qui n'ont rien à voir avec ce qu'elle mange ni avec son cycle menstruel. Elle présente aussi, depuis quelque temps, des douleurs au niveau lombaire. Récemment, elle a noté sa propension à manger du chocolat et à grignoter entre les repas, ce qui n'était pas dans ses habitudes, heureusement sans prise pondérale.

Anne fait le lien entre son état physique et ce qui se passe dans sa vie, mais elle ne comprend pas pourquoi, malgré le sport, la sophrologie et sa décision de ne pas se laisser miner par ce qui lui arrive, elle ne se sent toujours pas bien et souffre dans son corps. Elle estime tout faire pour minimiser les événements, être la plus positive possible dans les circonstances, et s'occuper d'elle-même du mieux qu'elle peut. Il est vrai qu'elle se retrouve seule par moments, mais elle organise alors une rencontre entre amies ou rend visite à des connaissances.

Elle est consciente que la qualité de son travail souffre de sa difficulté à se concentrer, bien qu'elle s'efforce évidemment de ne pas le montrer. Une certaine perte de confiance en elle l'a gagnée au cours de ces derniers mois, au point qu'elle a peur de perdre son travail et de devoir laisser sa place à une autre ou, pire, à sa collègue.

Dans sa vie affective, Anne papillonne, ce qui est nouveau, mais, de son propre aveu, elle n'en retire pas de grande satisfaction. Elle se rend compte qu'elle a beaucoup de difficulté à se laisser aller à vivre les relations de façon détendue et sans se poser de questions ; elle agit de la sorte afin de se prouver qu'elle peut plaire et qu'elle est « vivante ». Elle dit par ailleurs craindre de s'enfermer chez elle et de se replier sur elle-même, « ce qui serait la pire des choses ». Elle admet que la période qu'elle traverse depuis six mois est difficile, mais pense que tout va rentrer dans l'ordre après avoir « fait le dos rond ».

Anne minimise les faits et les agressions dont elle est victime, elle fait comme si rien ne se passait, elle érige des barrières de protection entre elle et l'extérieur. En agissant ainsi, elle a l'illusion de se faire du bien. Pourquoi parler d'« illusion » ? Parce que même si une partie d'elle essaye fortement d'y croire, une autre, son corps, lui dit exactement le contraire ; sa fatigue et ses autres symptômes sont en effet là pour lui montrer que la réalité est bien différente de la vision à laquelle elle essaye de s'accrocher. À la différence de Jacques, elle ne capitule pas devant la difficulté, mais son corps lui parle de la même façon : il lui dit qu'elle éprouve des tensions importantes, et surtout qu'elle n'a pas trouvé la façon de les faire disparaître ; la détente est en effet absente de sa vie, et les périodes de repos compensatoire inexistantes. Il est important de noter que, contrairement à ce que nous pourrions imaginer, Jacques et Anne, qui ont des attitudes opposées, présentent des symptômes similaires qui sont autant de signes de leurs corps essayant de leur dire qu'ils ne se respectent pas.

Pierre se bat « contre »

Pierre a 41 ans et est marié. Chef d'une entreprise de travaux publics, il a pour associé un collaborateur qui essaye de le chasser en prenant le contrôle de l'affaire. Cette lutte, qui a commencé environ un an plus tôt, a pris Pierre par surprise, car il avait toute confiance dans son associé qui était un ami ; depuis six mois, elle s'est transformée en un combat extrêmement dur entre les deux hommes qui se livrent bataille par l'intermédiaire d'avocats.

Pierre a décidé de conserver l'entreprise qu'il a créée et dans laquelle il a intégré son ami en tant qu'associé il y a cinq ans. Il estime être dans son bon droit et victime d'un abus de confiance de la part de ce dernier. Il est d'autant plus blessé qu'il a tout fait pour l'aider alors qu'il traversait une période difficile quelques années plus tôt. Il se sent trahi et est excessivement triste. Il a décidé de ne pas se laisser faire et a par conséquent pris un avocat pour se défendre. Il dépense beaucoup d'énergie dans ce sens, mais estime que cela en vaut la peine : d'une part, il préserve son entreprise et son personnel, d'autre part, il conserve son estime de lui-même. Il n'est pas « homme à démissionner », et il investit toutes ses forces dans ce combat qu'il pense gagner. Il est très déterminé et positif. Son entourage l'encourage dans cette voie, ce qui est un grand soutien, estime-t-il. Il passe énormément de temps à réfléchir à la façon dont il pourrait s'y prendre pour que son associé parte de son plein gré, en ayant compris que jamais lui-même ne reculera ni ne cédera quoi que ce soit. Il met tout en place afin de bloquer son associé dans ses agissements et réagit au moindre de ses mouvements pour le contrer. Il parle beaucoup de ses problèmes à ses amis, ce qui lui fait du bien. Il ne prend aucun temps pour faire du sport ou une autre activité, car « il n'en a ni le loisir ni l'énergie ». Par contre, « dès que tout cela sera terminé », il pense reprendre le golf et la natation qui lui faisaient « tant de bien ».

Il se sent stressé et est très fatigué, car il a des difficultés de sommeil. Depuis six mois, il se réveille en effet la nuit en pensant au travail. Il se sent également « bouillir à l'intérieur », mais arrive parfaitement à se contenir ; il éprouve une légère difficulté à se concentrer et, par moments, de la lassitude, ce qui n'est pas son habitude, me dit-il. Il a vu l'eczéma dont il souffre depuis l'enfance s'amplifier au cours de la période décrite. Il souffre également de brûlures d'estomac qui apparaissent après les repas, et une gastroscopie a démontré qu'il faisait une gastrite ; il prend un antiacide afin de régler ce problème. Il a aussi noté une baisse très sensible de sa libido, mais sa femme comprend parfaitement ce qui lui arrive et n'exerce aucune pression sur ce plan.

Pierre a l'attitude typique de la personne qui fait tout pour trouver des solutions à son problème. Il dépense une bonne partie de son énergie à se battre contre son associé et l'autre partie à asseoir son pouvoir dans son entreprise. Il est dans le faire et ne se préoccupe pas du tout de ce qu'il ressent ni de ce que lui dit son corps, pas plus qu'il ne prend de temps pour lui, toute son énergie étant canalisée dans le combat engagé. Son corps devient un ennemi, car il le freine dans ce que sa « volonté » désire ; il est petit à petit devenu un faux frère qui lui fait défaut dans son combat. Pierre se bat pour ne pas perdre son bien, me dit-il ; il est conscient que son combat le fatigue, mais il doit « tenir le coup » jusqu'à la victoire, car il ne peut envisager de perdre son entreprise. Toutes ses forces doivent être mobilisées afin de remporter cette victoire. Le cercle vicieux est d'une logique parfaite et ne laisse aucune place à Pierre en tant qu'individu existant par lui-même. Pierre n'existe plus en tant que Pierre, mais en tant qu'ex-ami ou futur ex-associé de son partenaire. Il ne tient pas compte des signes que lui adresse son corps, autre preuve, s'il en faut, qu'il ne se respecte guère ; certes, il prend de façon régulière ses antiacides, mais uniquement parce qu'il préfère se soumettre à cela plutôt qu'avoir mal. En dehors de cette prise de médicaments, Pierre ne manifeste pas d'intérêt particulier pour sa santé et donc pour lui-même. Il est totalement centré sur son associé : celui-ci est la personne avec qui il se couche et se lève, en pensée !, avec qui il mange et respire. Le monde et la vie de Pierre se résument à son combat. Lorsqu'on le lui fait remarquer, dans un premier temps il ne comprend pas ; dans un second, il répond qu'au vu des circonstances il est bien « contraint et forcé » de se concentrer sur ce combat, car il ne voit d'autre solution ; il n'est pas « une personne qui fuit ou démissionne devant l'adversité », ajoute-t-il.

À sa façon, comme Jacques et Anne, Pierre est victime de l'agressivité de son partenaire, à cela près qu'il ne l'accepte pas ;

il ne se soumet pas comme Jacques, il n'est pas non plus passif et attentiste comme Anne, il se montre actif et combatif. Son corps lui transmet néanmoins le même message !

Quel est ce message ? Que chacun de nous, à sa façon, est manipulé par son mental : les peurs et les angoisses ressenties par Jacques et Anne sont des preuves que leur mental est actif et les projette dans le futur ; la culpabilité qui mine Jacques en est un autre signe ; de même, les jugements de valeur émis par Pierre à propos de son associé détournent son attention de la seule personne importante : lui-même. Chacun des patients cités se situe par rapport à celui, ou celle, qui le dérange : Jacques en est la victime, Anne l'ignore volontairement, Pierre s'oppose à lui. Chacun tient beaucoup plus compte de ce que l'autre fait ou ne fait pas que de ce qu'il désire vivre ou non. Cette attitude est une autre facette du mental qui nous coupe de nous-mêmes et de nos envies.

Aucun des patients évoqués ne parle en tant qu'individu qui a des aspirations : chez tous, les désirs sont fonction de ce qu'ils peuvent obtenir par rapport aux autres. L'intuition et la créativité sont absentes de leurs discours et de leurs actes qui ne se rapportent qu'aux attitudes réelles ou supposées, futures ou passées, de leur entourage. Rien n'est issu de leur être profond, car cette partie est occultée par leur mental. Ce dernier est omniprésent. La preuve en est qu'aucun de ces patients ne vit ses émotions de colère et de tristesse. Anne les minimise même à merveille au nom d'un pseudo-détachement, une autre facette du mental. Quant à la signature de leur corps, leur meilleur ami, elle est simple et parfaitement lisible : des tensions et des symptômes dus au manque de périodes de repos compensatoire. Le responsable dans tout cela n'est ni la crise financière pour Jacques, ni la collègue de travail qui harcèle Anne, ni l'ex-ami associé de Pierre, mais un seul et unique ennemi à multiples facettes : le mental de chacun des protagonistes.

Ce qui est valable pour le monde du travail l'est aussi pour les autres sphères de la vie. Nous pourrions multiplier les exemples de personnes souffrant de maladies graves ou dites « incurables », de personnes ayant subi des agressions, ou d'autres faisant face à un deuil ou à une séparation. Dans chacune de ces situations de vie, nous avons le choix: subir et être la victime de ce qui nous arrive, ou résister et nous battre contre. Mais dans les deux cas, nous serons menés par notre mental et le résultat sera identique: la souffrance risque fort de durer. Il arrive même souvent que la situation reste bloquée ou empire. Essayons de voir s'il n'existe pas une troisième voie qui puisse nous délivrer de notre souffrance et nous permettre d'aller de l'avant en «profitant» de ce qui nous arrive pour rebondir de la plus belle des façons.

Joseph se bat pour lui-même

Joseph est âgé de 42 ans et vient de se faire congédier par son employeur pour des raisons économiques. Commercial dans une fabrique de montres haut de gamme depuis quatorze ans, il se voit remercier du jour au lendemain. En guise de remerciement, il a reçu un mois supplémentaire de salaire et la possibilité de bénéficier d'un programme qui lui permet de rechercher, aidé par des professionnels, ce qu'il pourrait choisir comme futur métier. Il est bien évidemment excessivement déçu et se demande comment surmonter cette crise, d'autant plus qu'il a une famille à charge et qu'il ne peut se permettre de rester trop longtemps sans gagner sa vie même s'il reçoit des prestations de chômage.

Il me consulte, car il préfère «prévenir que guérir», et se demande ce qu'il pourrait faire afin de ne pas sombrer dans le découragement et le mal-être. Il se sent vulnérable et voudrait bien «ne pas craquer». Il me dit qu'il est très triste d'avoir dû arrêter un travail dans lequel il s'était investi pleinement. Lorsque je lui demande ce qu'il fait de cette tristesse, il me répond qu'il pleure, même si cela inquiète beaucoup son épouse. Il n'en a pas honte et me dit que cela lui fait beaucoup de bien. Il continue néanmoins à se sentir tendu et ne comprend pas pourquoi. Après quelques questions, il réalise qu'il ressent aussi beaucoup de colère envers son employeur, même s'il le comprend et lui trouve des excuses. Je lui demande alors ce qu'il a fait de cette colère et il reconnaît qu'elle l'habite en permanence. Il parvient à établir un lien entre cette colère bloquée et la tension qu'il éprouve dès qu'il parle de son ancien employeur. Après quelques consultations, Joseph se permet d'exprimer sa colère pour lui-même et s'en trouve très soulagé : il se sent beaucoup plus détendu et ses peurs diminuent.

Il ne sait néanmoins toujours pas ce qu'il désire faire et continue à vivre dans le passé, même s'il a conscience que cela ne lui fait aucun bien. Au fur et à mesure qu'il exprime sa colère et sa tristesse, il accepte ce qui lui est arrivé. Il a cependant toujours de la difficulté à trouver en lui-même ce qu'il a envie de réaliser dans sa vie. Il se sent mal à l'aise de pouvoir se promener dans la nature durant la journée alors qu'il touche des allocations de chômage, et se le reproche. Réalisant qu'il ne vit pas du tout au présent, il s'efforce de mettre son mental en veilleuse afin de reprendre contact avec son corps physique et sensoriel. Son mental n'aspire en effet qu'à une chose : le faire fuir dans le futur et les peurs ou dans le passé avec son cortège de culpabilités.

Progressivement, Joseph parvient cependant à définir ce qu'il désire faire dans sa vie professionnelle future : s'occuper d'enfants handicapés. Il est déterminé à suivre cette direction même si les personnes responsables de son dossier au service du chômage sont surprises et contrariées par ce choix qui n'est ni logique ni rationnel. Elles tentent donc de décourager Joseph. Pourtant, face à la force avec laquelle il défend son idée et sa détermination, elles lui accordent le droit de faire un stage dans ce milieu. Du même coup, une nouvelle aide lui est accordée afin qu'il puisse poursuivre sa formation tout en travaillant en tant qu'éducateur social. Durant toute cette période, qui a duré environ six mois, Joseph a réussi à ne pas tomber malade et à vivre de façon assez sereine. Environ un an après son licenciement, il a trouvé un emploi qui lui plaît beaucoup et dans lequel il dit s'épanouir énormément.

Isabelle se bat pour elle-même

Isabelle est âgée de 34 ans ; elle est divorcée depuis deux ans et mère d'une fille de six ans à sa charge. Elle travaille en tant que bibliothécaire dans une école et adore son métier qui lui permet de surcroît d'être indépendante. Son ex-mari, qui n'a pas accepté le divorce et souffre d'alcoolisme, refuse de payer la pension qu'il doit lui verser et la menace de façon régulière, soit de se suicider avec leur fille, soit de repartir dans son pays avec elle. De plus, il est violent verbalement avec Isabelle. Il est aussi violent en actes. Il a essayé une fois de bouter le feu à sa voiture, et une autre fois s'est attaqué physiquement à un de ses amis. Bien entendu, le service de la protection de la jeunesse suit l'enfant, qui est assez traumatisé par les événements, et la police est intervenue afin de dresser des constats. Néanmoins, rien ne calme l'ex-mari qui continue à souffrir de sa maladie et va de cures de sevrage en hospitalisations pour coma éthylique profond. Les procédures de divorce ont été longues et pénibles, car il a tout fait pour s'y opposer. Durant tout ce temps, Isabelle s'est occupée de sa fille et a assumé financièrement seule l'éducation de celle-ci. Ses parents ne lui sont pas d'une grande aide, car ils ont coupé les ponts avec elle, n'ayant pas supporté qu'elle épouse un Kosovar, qui plus est musulman. Depuis la séparation, Isabelle n'a pas jugé bon de les recontacter. Enfant unique, elle n'a aucun autre soutien familial et ses rares amis résident à l'étranger. Elle se trouve donc très isolée et n'a ni le temps ni les ressources financières pour s'offrir beaucoup de loisirs, sans compter qu'elle préfère privilégier sa fille.

Isabelle va bien physiquement et ne présente pas de symptôme particulier hormis de légers troubles au niveau de sa colonne lombaire. Depuis le début de ses problèmes avec son mari, elle a décidé qu'elle ne perdrait pas son temps ni son énergie à se battre contre lui. Elle me dit qu'elle a été très aidée en cela par le fait qu'elle désirait avant tout protéger sa fille, et que dans ce but il lui fallait absolument garder toute son énergie. C'est ainsi qu'elle s'est accordé le droit de vivre l'instant présent, même si cela est parfois difficile. Elle ne désire pas, me dit-elle, « inventer un avenir » sur lequel elle n'a aucune prise. Elle s'est donc accrochée au présent en essayant d'adopter ce qu'elle ressent comme étant l'attitude la plus appropriée pour elle et sa fille tout en tenant compte de « la réalité » plutôt que de ses angoisses et de ses craintes.

Bien entendu, elle a de temps en temps eu peur, mais elle est assez bien parvenue à revenir au présent et à utiliser son intuition et sa façon personnelle d'appréhender la vie. À son grand étonnement, elle se rend compte qu'elle a réussi à traverser cette période difficile sans gros problème de santé, et qu'elle n'est pas traumatisée par ce qu'elle a dû affronter. Par contre, elle m'avoue qu'elle a éprouvé beaucoup de colère contre son ex-mari et qu'elle s'est très souvent permis de hurler dans sa voiture ou chez elle. Elle n'a jamais eu envie de parler de cette colère à son mari, car cela ne regardait qu'elle, me dit-elle. Elle ne s'est non plus jamais sentie coupable de demander à ce que ses droits ainsi que ceux de sa fille soient respectés. Elle s'est aussi très souvent permis de pleurer, car elle ressentait une profonde tristesse. Son médecin traitant lui avait proposé de prendre un anxiolytique, mais, ayant toujours été antimédicament, elle l'a refusé. Elle n'a d'ailleurs pas compris pourquoi cela lui avait été offert: « N'est-il pas normal d'être triste et en colère quand on vit ce que je vis? » N'ayant pas de grands moyens, elle se faisait une joie – et continue, du reste! – de marcher dans la nature de façon régulière avec sa fille. Observer le paysage aux différentes saisons et écouter les oiseaux chanter la détend beaucoup. Elle a aussi constaté qu'effectuer ces grandes marches dans la forêt avoisinante calmait sa fille. Quant à elle, aimant lire et écouter de la musique, elle s'octroie souvent du temps pour ces plaisirs, que ce soit dans le cadre de son travail ou chez elle. Ces activités lui apportent « des moments de grande sérénité » qui sont très bénéfiques et qui lui permettent de décompresser après les périodes difficiles vécues avec son ex-mari.

Isabelle parle de tout ce qui lui arrive de façon calme. Elle est excessivement claire sur ce qu'elle attend de son ex-mari pour leur fille et elle-même; elle n'est ni dans l'accusation ni dans la résignation face à ce qui lui arrive, elle est simplement décidée à se faire respecter. Elle est parfois en grande colère vis-à-vis de la justice et face à la lenteur et l'incapacité de certaines institutions, mais elle se permet d'exprimer cette émotion et continue d'aller de l'avant. Elle est confiante en sa bonne étoile et rayonne alors que son histoire est loin d'être simple et facile.

Son corps lui parle et lui dit qu'elle est sur la bonne voie puisqu'il ne lui présente aucun signe de tension, hormis les rares lombalgies qui disparaissent très rapidement après qu'elle a exprimé sa colère résiduelle. Au contraire, il lui offre détente et bien-être.

Isabelle ne fait pas semblant d'ignorer ce qui se passe, elle ne résiste pas aux attaques de son ex-mari ; elle ne se bat pas non plus contre celui-ci en s'épuisant dans une lutte perdue d'avance. Elle ne consacre pas toute son énergie à se situer par rapport à l'autre ; elle ne se voit pas comme l'ex-femme de son ex-mari ou la victime d'un proche ; elle ne vit pas seulement en fonction des faits et agissements de l'autre, elle vit en essayant d'être au plus proche d'elle, de ce qu'elle ressent et de ce qu'elle attend de l'autre. Ce dernier n'est pas au centre de sa vie, il en est à la périphérie. Isabelle est au centre de sa propre vie, c'est elle qui la dirige et elle ne laisse pas la possibilité à l'autre de venir interférer dans celle-ci. En se battant pour elle, elle se respecte et son corps le lui signifie par sa détente. Du même coup, le « stress » n'a pas de prise sur Isabelle.

Joseph et Isabelle parviennent à faire face à une situation difficile sans souffrir de symptômes ou de maladie. Ils sont non seulement en bonne santé, mais ils continuent à vivre de façon indépendante et sans complication alors que la situation dans laquelle ils se trouvent est loin d'être simple et facile. Ils semblent à l'aise et restent très directs face à ce qu'ils vivent. Ils font preuve d'une grande force de caractère et ils font face aux événements. Ils ne les subissent pas, ils ne se battent pas contre eux non plus ; ils les affrontent sans peur ni culpabilité, au présent, aidés par les promenades qu'ils s'octroient, la lecture, la musique. Autant de moyens de s'ancrer véritablement dans le présent.

Ils expriment leurs émotions de colère et de tristesse naturellement, sans se soucier de ce que les autres pourraient en penser, dans des endroits où ils peuvent se retrouver seuls et se laisser aller. Ils ne considèrent pas qu'éprouver de la colère est mauvais, ils ne hurlent pas non plus leur haine ou leur rage devant la personne qui essaye de leur nuire à tout prix. De cette attitude, ils retirent une grande force qui, du même coup, leur sert à obtenir ce à quoi ils ont droit.

Ils agissent ainsi de façon constante, sans se fatiguer, mais sans non plus plier, abandonner ou fuir. Ils sont, certes, victimes, l'un de son employeur, l'autre de son ex-mari, mais ils ne fonctionnent pas en tant que victimes. Au contraire, ils s'accordent du respect et de l'attention, ce qui fait toute la différence entre leur vie et celle de Jacques. Ils sont centrés sur eux-mêmes et ce qu'ils désirent, non sur ce que leur ex-employeur ou leur ex-mari leur a fait subir. Ils n'agissent pas selon les normes fixées par les autres et la société, mais selon leurs propres normes et critères. Bref, ils vivent et existent par eux-mêmes et non pour les autres, contre eux ou par rapport à eux. Le mental étant la partie de nous qui nous coupe du moment présent ainsi que de nos émotions, nous pouvons en conclure que Joseph et Isabelle réussissent à vivre la plupart du temps sans qu'il intervienne; ce qui se traduit par des moments de détente physique absolument nécessaires au maintien d'un bon état de santé. Lorsqu'on parvient à éteindre son mental, on retrouve son savoir inné, et c'est exactement ce qui leur arrive.

Nous avons vu que le mental est responsable de l'apparition de signes physiques dans notre corps, et que chacune des tensions ressenties est une preuve qu'il est présent et actif en nous. Le mental nous coupe du moment présent, il nous empêche de reconnaître, de ressentir et d'exprimer nos émotions, il nous coupe enfin de notre savoir inné et de notre noyau fondamental. Il nous fait également émettre des jugements et des critiques, il est responsable de nos complexes de supériorité et d'infériorité, il nous enferme dans des normes qui ne sont pas les nôtres, il nous fait adopter des attitudes stéréotypées. En résumé, fruit de notre éducation, il est le contenant de toutes les croyances que nous avons acquises. Il est, par définition, celui qui nous empêche d'être nous-mêmes, avec les qualités dont nous avons hérité, d'être dans l'ouverture avec nous-mêmes. Il nous fait fuir dans le faire, comme la société l'enseigne, nous condamne au formatage le plus humiliant et à la perte de notre identité. Il est l'antiAmour par excellence, qui nous maintient dans la fermeture par rapport à nous-mêmes et, par conséquent, par rapport aux autres.

Chaque fois que le mental est actif, notre corps nous en avertit en nous empêchant de trouver le repos. Considérer les symptômes et la maladie sous cet angle, et non sous celui de la fatalité, nous permet d'adopter une attitude positive et constructive : nous renonçons alors à cette autre attitude qui ne vise qu'à détruire les symptômes et tuer la maladie. L'intention étant absolument différente, les résultats le sont aussi : d'un côté la guérison en profondeur est possible, de l'autre elle ne l'est pas, car la cause n'est pas traitée. Certes, des victoires seront remportées par rapport à la maladie, mais pas la guerre, tout simplement parce qu'il n'y a pas de guerre ! Il n'y a que des signes qui viennent avertir la personne du fait que son mental est actif et bien en place. C'est contre celui-ci qu'il faut agir, non contre la maladie ou le mal-être. La façon d'y parvenir consiste à l'éteindre afin de se retrouver. Il est facile de l'écrire ou d'en parler, mais le faire demande beaucoup d'attention et de persévérance. Les résultats sont cependant à la mesure de l'effort fourni.

Au cours de sa vie, chaque être humain est exposé à des difficultés. Celles-ci peuvent concerner sa profession, sa famille, ses amis, et bien d'autres sphères. Comme Joseph et Isabelle, nous avons en nous les ressources nécessaires pour faire face à ces difficultés, éviter de retomber dans les mêmes erreurs et errements, et cesser de souffrir. Des outils extrêmement performants sont à notre disposition – encore faut-il nous en souvenir et les utiliser. La condition préalable est d'éteindre notre mental en faisant l'exercice proposé précédemment, de façon à faire porter notre attention sur notre corps physique et sensoriel ; cela nous permettra d'accéder à nos émotions et à notre savoir inné. Nous pourrons ensuite créer notre propre réalité au lieu de subir une réalité créée par les autres, pour les autres ou par rapport aux autres.

Chapitre 3

Les bienfaits du présent

Comme nous l'avons vu dans le précédent chapitre, nombre de tensions que nous ressentons dans notre corps résultent du fait que notre mental nous extrait du moment présent pour nous entraîner dans le futur ou le passé. Lorsque nous sommes confrontés à une difficulté, notre mental essaye bien évidemment de prendre la plus grande place possible afin de « nous aider » à résoudre celle-ci. Son jeu est très au point, parfaitement rodé et d'une grande efficacité. Le mental est capable, comme nous le verrons, de nous vendre tout et n'importe quoi, à n'importe quel prix, sans se soucier de la logique ni des autres arguments que nous essayons de lui opposer.

Nous avons également vu que nous disposons d'un outil très efficace afin de faire taire ce mental bavard : porter notre attention sur notre corps physique et sensoriel ; cela nous permet de revenir au présent, seul moment dans lequel nous vivons. Cet outil est performant à la condition que nous l'utilisions de façon régulière, cent ou deux cents fois par jour, voire plus. Plus nous l'utilisons, plus rapidement nous nous rendons compte de nos échappées hors du présent, et plus vite nous pouvons y revenir. De plus, cet outil est facile, car nous pouvons y recourir partout où nous nous trouvons sans que quiconque s'en aperçoive. Si vous tentez de reprendre conscience de votre corps physique en remuant les orteils, ce mouvement est discret et peut être fait dans une salle de réunions ou un salon, lors d'un dîner chez des amis ou au lit chez soi ; toucher le volant de sa voiture est une façon d'éteindre son mental en conduisant ; porter son attention à la texture du stylo que vous tenez dans votre main en est une autre. Nous disposons ainsi d'un instrument simple qui nous permet de revenir presque instantanément à l'ici et maintenant.

Essayons de voir ce que nous nous apportons lorsque nous nous permettons cela en situation de crise ou face à des difficultés.

Se libérer des appréhensions, de la peur, des angoisses

Il est intéressant de noter que nous sommes tous d'accord avec la double assertion que le moment présent est le seul moment dans lequel nous vivons et que la grande majorité d'entre nous ne se situe pas au présent. Bien au contraire, nous trouvons très intelligent d'éviter le présent, nos ego préférant compliquer les problèmes à loisir pour nous donner l'occasion de nous montrer brillants, plutôt qu'aller vers la simplicité. C'est ainsi que, face à une difficulté à laquelle la vie nous confronte, ou que nous nous imposons !, nous fuyons très vite dans le futur ou le passé ; le problème se situe ici et maintenant, mais il nous faut tout rendre plus difficile : ne pas être là !

Prenons l'exemple de Jeanne. Voilà deux ans qu'elle travaille en tant que secrétaire dans une société d'import-export qui emploie une trentaine de personnes. Elle fait partie des derniers employés engagés et sait que la réorganisation en cours risque fort de s'accompagner de licenciements. Cela n'est pas très drôle mais n'est encore qu'une éventualité. Rien d'autre n'est parvenu aux oreilles de Jeanne. Elle a toujours son travail, qu'elle aime et dans lequel elle est performante, selon son chef direct ; celui-ci lui a dit, lors de la dernière évaluation du personnel, un mois plus tôt, qu'il était très heureux et satisfait de la qualité de son travail. On lui a même promis une petite augmentation de salaire. Jeanne, avec ses capacités d'analyse et de réflexion, devrait être détendue, vivre ses joies, ses tristesses et ses colères au jour le jour, participer à la vie de la famille qu'elle a fondée et vaquer aux occupations qu'elle aime ou doit remplir. Ce n'est évidemment pas du tout le cas: elle est tendue, elle a des difficultés à s'endormir et elle est épuisée depuis qu'elle a appris qu'il pourrait y avoir des congédiements. Elle n'a plus d'intérêt pour ce qui se passe dans sa vie familiale, car elle pense en permanence à son travail et à ce qui arrivera si elle fait partie des personnes licenciées. Elle ressasse ces idées à longueur de journée et de nuit, ne parvient plus à se concentrer et est moins performante, ce qui augmente sa peur de se retrouver au chômage. Elle est impatiente et angoissée en attendant les décisions de la direction.

Jeanne est totalement aux prises avec son mental qui la projette dans le futur. Cela s'exprime par une tension qui se traduit physiquement: difficulté à s'endormir, boule à l'estomac, maux de ventre, problèmes de concentration. Des troubles qui sont ressentis au présent, même si leur cause vient de ce que Jeanne « pense » au futur. Jeanne ne réfléchit pas au futur, elle s'y projette et pense dans le vide. La réflexion consisterait à poser sur la table les éléments avérés (réorganisation de l'entreprise, fait qu'elle est une des dernières à avoir été engagée, qualité de ses performances, félicitations de son chef) et à envisager divers scénarios et leurs implications. Cette réflexion se ferait dans le calme et sans aucune tension. Jeanne utiliserait son intelligence, son intuition et sa créativité, autant de qualités qu'elle possède. Le résultat serait de la sérénité qui se traduirait physiquement par un sentiment de détente. Mais au lieu de faire simple et de se sentir bien, Jeanne fait fonctionner son ego et invente de toutes pièces un scénario qui crée la souffrance et le mal-être. Merveilleux mental, merveilleux ego, qui nous font prendre des vessies pour des lanternes et parviennent à nous expliquer que notre futur sera ce qu'ils inventent de toutes pièces; et souvent nous « pensons » que cet ego est génial, qu'il « sait » ! Or, combien de fois n'avons-nous pas entendu dire autour de nous:

« Ce qui est arrivé est la dernière chose à laquelle j'avais pensé ! » C'est que jamais une peur ne correspond à la réalité. Jamais ! Ne confondons pas l'intuition avec la peur : lorsque nous avons une intuition, notre corps ne nous présente aucune tension, et il faut toujours suivre son intuition. C'est tout le contraire pour une peur : la tension est immédiate, et il ne faut jamais tenir compte de sa peur.

Il n'y a *jamais* de peur dans le moment présent, car ce dernier échappe aux créations de notre mental. Les appréhensions, les angoisses, la panique, les phobies, toutes sont des créations de notre mental qui nous projette dans le futur, et toutes se traduisent dans notre corps par une tension de plus ou moins grande intensité. Dire que le moment présent est dépourvu de peur est une affirmation souvent mise en doute. Ne confondons pas les tensions physiques ressenties avec le mécanisme qui les provoque. Certes, les tensions sont présentes maintenant, personne ne dit le contraire ; mais elles sont générées par un ego qui nous fait imaginer un futur dénué de toute réalité. Les peurs non seulement n'existent pas au présent, mais encore ne sont pas des émotions, contrairement à ce que beaucoup de personnes affirment. Elles n'ont en effet aucune réalité, donc, par conséquent, aucune existence. Elles disparaissent comme elles sont apparues dès que nous revenons au présent, seul moment durant lequel nous pouvons ressentir une émotion qui fait entièrement partie de notre existence. Nous pouvons tous en faire l'expérience et nous faire notre propre opinion sur les dires de celles et ceux qui affirment le contraire.

Une autre croyance répandue nous fait dire ceci : « C'est grâce à ma peur que j'ai réussi à échapper à une situation dans laquelle j'étais en danger. » Et d'en déduire que l'affirmation selon laquelle la peur n'existe jamais dans le moment présent est erronée ! Lorsque nous nous trouvons exposés à un danger réel, notre attention est maximale, nos sens sont totalement en alerte, toutes nos antennes sensitives sont déployées et nous réfléchissons à une vitesse très rapide. Toute personne s'étant retrouvée dans une situation telle que celle décrite peut en témoigner. Il n'y a, à ce moment-là, aucune crainte ni peur; il y a une vision complète et claire de la situation ainsi qu'un savoir instantané de l'action à entreprendre afin de se sortir du danger à moindres frais et de la meilleure façon possible. La peur n'a pas sa place et elle n'apparaît pas. Elle surgira plus tard, une fois que le danger sera écarté. On l'appellera alors « peur rétrospective ». Elle peut aussi survenir lorsque la personne ayant déjà été exposée au danger évoqué imagine se retrouver dans une situation identique dans le futur.

Ne plus être dans l'attente qu'« un jour, peut-être »...

Une autre chose disparaît lorsque nous nous situons dans le moment présent: l'attente. Qu'est-ce que l'attente si ce n'est une autre création mentale? Lorsque nous attendons, nous ne sommes pas dans le moment présent; la tension que nous ressentons dans notre corps nous le dit. Jeanne attend les décisions qui doivent – peut-être! – être prises par sa direction. Elle ne vit pas du tout au présent et cela se traduit par de l'angoisse et de l'impatience. Le manque de patience est un des « cadeaux » propres au mental. En effet, lorsque nous souffrons d'impatience, c'est que nous désirons déjà être arrivés, alors que dans la réalité nous sommes encore loin. Dans ce cas aussi nous ressentons une tension physique, preuve que notre mental est actif.

Souvenons-nous d'une chose importante: nous avons le futur de notre présent; autrement dit, si nous attendons au présent, nous attendrons au futur...

Retrouver la confiance en soi

Nombre de personnes confrontées à une difficulté disent qu'un des problèmes majeurs auquel elles font face à ce moment-là est le manque de confiance en elles. Suit généralement une explication de ce handicap: pendant leur enfance ou leur adolescence, ces personnes n'ont pas bénéficié d'un entourage qui les aurait encouragées et leur aurait appris à avoir confiance en elles. Ce fait est certainement un frein à un développement harmonieux de la personnalité. Que ressent l'enfant qui n'est pas soutenu par ses parents ou qui est constamment rabroué par eux ou son entourage ? De la peur ? Non ! De la colère très certainement, de la tristesse, ou un mélange des deux. C'est parce que le mental bloque le vécu de ces émotions que le manque de confiance survient. La personne manquant de confiance en elle se situe-t-elle au présent ou dans le futur ? Bien évidemment, dans le futur.

Le manque de confiance en soi est par conséquent une autre facette du même problème : il résulte de notre mental qui nous projette dans le futur. Le traitement est le même : éteindre le mental. Si nous y parvenons, nous nous retrouvons au présent et avons confiance en nous, ce qui n'est pas un avantage moindre.

Se défaire des regrets et de la culpabilité

Lorsque nous faisons face à une difficulté, nous nous plaignons fréquemment de ce qui s'est passé avant qu'elle ne survienne : nous aurions pu la voir venir, nous aurions dû réagir plus tôt, si nous nous étions comportés différemment, nous aurions évité le guêpier dans lequel nous sommes... Ainsi, Jeanne regrette-t-elle d'avoir quitté son ancien travail pour le poste qu'elle occupe dans son entreprise d'import-export ; elle bâtit tout un passé inexistant afin d'expliquer qu'elle aurait dû ne pas s'emballer, qu'elle regrette sa situation actuelle, et qu'elle se mord les doigts de ne pas avoir imaginé ce qui va inévitablement arriver : son licenciement... À cette idée, elle se sent aussitôt tendue, preuve que son mental est actif. C'est en effet lui qui, la conduisant dans un passé imaginaire, explique à Jeanne que son futur sera catastrophique ! C'est ainsi qu'elle oscille du passé au futur, chacun de ces temps étant source de tensions. Combien de fois, dans notre quotidien, imaginons-nous un passé qui n'a jamais existé, et nous accusons-nous de ne pas avoir vu juste ? Combien de fois nous sentons-nous coupables de ne pas avoir été à la hauteur ou de ne pas avoir su ce que personne ne savait ou n'aurait pu savoir? Lorsqu'une mère de famille se fait des reproches parce que son enfant a raté ses examens, que l'entendons-nous dire? «J'aurais dû cesser de travailler afin de m'occuper de lui, lui faire réciter ses leçons et l'encadrer beaucoup plus.» Pourtant, se lamenter sur le passé n'a que rarement fait avancer les choses ou résolu les difficultés. Réinventer ce qu'il aurait fallu comprendre ou faire n'a jamais permis à qui que ce soit d'éviter de vivre le moment présent avec ses difficultés.

Nous disposons d'une arme fantastique pour éviter de subir ces regrets, ces remords et cette culpabilité si toxiques: éteindre notre mental en reportant notre attention sur notre corps physique et sensoriel. La disparition de la culpabilité s'accompagne d'une détente immédiate, preuve fournie par notre meilleur ami que nous sommes de retour au présent.

Ne plus porter de jugements, établir des comparaisons, se montrer intolérant

Paul, après le départ inattendu de son chef, est en compétition avec un de ses collègues pour reprendre le poste de chef de cuisine dans l'hôtel où il travaille. Une décision devrait être prise sous peu mais tarde à venir. Il est tendu et ne se sent pas bien. Il est devenu agressif envers les autres employés de la cuisine et m'explique qu'il est déjà très déçu que la direction ait décidé de faire un choix, étant donné qu'il est meilleur que son collègue à tous les postes de la cuisine, hormis celui des desserts. Ce collègue n'a par ailleurs aucune expérience dans les grands hôtels, ajoute-t-il. Paul juge son concurrent et le dévalorise tout en me disant que, si lui-même n'est pas choisi, cela signifie qu'il est sans valeur, «tout simplement nul»... Lorsque nous sommes exposés à une difficulté, nous portons rapidement des jugements de valeur sur nous-mêmes et les autres. Nous nous mesurons à ces derniers, les jugeant meilleurs ou moins bons que nous, mais nous sommes en fait dépourvus de toute objectivité. Nous n'existons plus en tant que nous-mêmes ou par nous-mêmes, mais uniquement ou principalement par rapport aux autres ou aux normes établies. Nous perdons notre identité et nous devenons intolérants, incapables d'accepter les différences. Notre attitude est dure, dénuée d'Amour. Cette façon d'être est l'apanage des personnes dirigées par leur mental. Nous le savons puisque des tensions apparaissent en nous dès que nous nous comportons ainsi. Le mental est celui qui juge, qui fait preuve d'intolérance et n'accepte pas les différences. Il est dans la fermeture et le rejet de tout ce qui ne correspond pas aux normes. C'est encore lui qui va faire preuve de cynisme pour blesser l'autre, ou s'adonner à la dérision afin de le dégrader. Mais il est aussi très actif à notre encontre ; souvent, il se retourne contre nous avec beaucoup d'irrespect, de cynisme, histoire de nous dévaloriser un peu plus.

Abandonner les « Je dois » et les « Il faut »

Le même mental nous enferme dans les «Je dois» et les «Il faut» qui nous contraignent à vivre et à faire des choses qui ne nous correspondent pas, mais qui vont dans le sens des normes sociales. C'est ainsi que nous pouvons nous retrouver agissant à l'opposé de ce que nous avons envie de faire, au nom de prétendus devoirs ou obligations que nous aurions. Isabelle a failli ne pas quitter son mari souffrant d'alcoolisme. Une partie d'elle-même lui soufflait à l'oreille qu'elle ne pouvait pas abandonner ce pauvre homme malade. Cela ne se fait pas, il lui fallait affronter cette épreuve sans se plaindre et aider son mari à s'en sortir. Toute son éducation la poussait à rester avec lui plutôt qu'à le laisser à son triste sort. Même ses parents, qui n'avaient pas approuvé son mariage, lui tenaient ce langage ! « Il faut assumer, tu dois rester avec lui pour le meilleur et pour le pire », lui criait à l'oreille le mental, digne représentant de l'éducation reçue. Mais les tensions étaient trop fortes et Isabelle a compris que le respect de soi lui demandait non pas d'agir par devoir, mais de suivre son envie profonde. Il ne lui fallait pas écouter son « petit vélo ». Bien lui en a pris, car c'est ainsi qu'elle a retrouvé la détente. Mais il lui a fallu en premier lieu éteindre son mental et s'autoriser à revenir au moment présent et, par conséquent, à ses envies.

Revenir au présent, c'est-à-dire éteindre notre mental et nous autoriser à reporter notre attention sur notre corps physique et sensoriel, est essentiel lorsque nous faisons face à un problème ou à une difficulté. C'est le premier pas à faire afin d'éliminer les parasites générant des tensions:

- Les soucis, les appréhensions, les angoisses, les paniques et les phobies;
- L'attente et l'impatience;
- Le manque de confiance en soi;
- Les regrets, les remords et la culpabilité;
- Les jugements, les comparaisons, l'intolérance;
- Les «Je dois», les «Il faut».

Se situer au présent nous permet par ailleurs d'entrer en contact avec nos émotions et notre savoir inné. Ce faisant, nous allons pouvoir utiliser les forces vives que nous avons en nous afin de créer notre réalité plutôt que de subir un destin.

S'occuper de soi et entrer en contact avec le silence

Les personnes très occupées se demandent souvent comment elles pourraient s'offrir les temps de repos nécessaires afin de ne pas être touchées par les symptômes de stress dont nous avons parlé. Elles n'ont pas le temps ou ne le prennent pas, et elles estiment, à tort ou à raison, qu'elles ont trop d'activités pour se permettre de s'occuper d'elles-mêmes. Il est vrai qu'une mère de famille ayant deux enfants à charge et travaillant dispose de peu de temps.

Mais s'occuper de soi ne nécessite pas beaucoup de temps. Et de nombreux individus sans obligation particulière ne s'occupent pas du tout d'eux-mêmes. Ils remplissent leur journée et leur soirée de multiples activités, mais ne se sentent pas bien pour autant.

Parallèlement, d'autres qui sont absorbés par des obligations familiales et professionnelles vont très bien. L'important n'est pas de se donner du temps, mais de s'accorder de l'attention comme on en accorde à ceux qui nous entourent. Combien de temps nous faut-il pour savoir si la personne qui est en notre compagnie est tendue ou détendue? Une fraction de seconde! Quelle quantité d'énergie avons-nous déployée? Aucune! Pourquoi portons-nous ce regard sur l'autre? Parce que nous sommes intéressés par lui, parce que nous le respectons, éventuellement parce que nous l'aimons.

Combien de fois par jour nous accordons-nous cette attention, cette marque de respect et d'Amour? Ce même regard porté sur nous-mêmes ne nous coûte en temps et en énergie qu'une fraction de seconde et aucune dépense particulière: suis-je tendu ou détendu? La réponse surgit immédiatement et nous dit si nous sommes aux mains de notre mental ou non. Cela s'appelle *s'occuper de soi.*

Le moment présent nous permet aussi de profiter d'un bien excessivement précieux: le silence. Il n'y a que dans l'instant présent que nous pouvons nous mettre à l'écoute du silence. Pour ce faire, il est nécessaire d'éteindre notre mental, seule façon de reprendre contact avec l'ici et maintenant, ne serait-ce que quelques secondes. Celles-ci peuvent nous paraître longues, car nous ne sommes guère habitués à de telles pauses; si elles nous sont agréables, nous pouvons les faire durer. Nous prenons alors conscience du silence qui nous habite. Celui-ci est d'une plénitude incroyable. Il nous permet de nous retrouver complètement avec tout ce qui fait notre richesse et notre grandeur. Il arrive que ce silence nous effraie, car nous n'y sommes pas habitués. Habités par le bruit et le brouhaha de notre mental, nous nous sentons perdus au milieu de ce silence. Mais une fois passé ce sentiment étrange, soit nous fuyons très vite dans nos pensées, ce qui produit une disparition immédiate du silence, soit nous persévérons et découvrons alors que le silence nous nourrit et est plein de vie et d'enseignements. Il est celui qui nous apporte ces pauses tellement utiles qui nous permettent de récupérer, de retrouver l'équilibre après une stimulation. Le silence est par conséquent vital pour notre santé physique.

Tout le monde a déjà fait l'expérience de ce silence, car tout le monde a eu l'occasion de s'octroyer des pauses après un grand stress; c'est ce que l'on appelle la *décompression*, qui ne s'accompagne d'ailleurs pas forcément de silence. Après un dérapage en voiture sur une plaque de glace, maîtrisé par le conducteur, il arrive souvent que celui-ci s'arrête pour « souffler » ou « récupérer ». Si l'on observe bien ce qui se passe à ce moment-là dans la voiture, le conducteur fait un grand: « Ouf ! on a évité de près l'accident », et sa remarque est généralement suivie d'un silence de plus ou moins longue durée. Si des passagers se trouvent dans le véhicule, ils diront: « Oui, en effet ! », puis se tairont eux aussi pendant un moment. Tout cela peut durer plus ou moins longtemps, mais dans tous les cas, il y a un moment de silence. Est-il d'une pureté totale ou traversé de pensées ? Peu importe, il existe, car notre corps nous l'impose afin de nous permettre de récupérer et de ne pas être aspiré par la spirale du stress avec toutes ses complications. Si ce court moment n'existe pas, nous en subirons les conséquences néfastes.

Bien évidemment, ce silence est d'une autre qualité que celui que nous nous accordons de façon volontaire en éteignant consciemment notre mental. Mais il marque un début. Il est par ailleurs encourageant de savoir que nous avons tous eu un contact avec lui et que personne n'en est mort ! Le silence est par conséquent très utile pour nous faire prendre conscience de la force de notre mental et de son activité incessante et bruyante.

Le silence est un cadeau que nous pouvons nous offrir à tout moment dans notre existence. Pour le trouver, il nous faut faire cesser l'activité de notre mental et reporter notre attention sur notre corps physique et sensoriel. C'est en effet le mental qui, par son brouhaha continuel, nous empêche d'avoir conscience que le silence existe au-delà du babillage qui fait notre quotidien. Lorsque nous parvenons à éteindre notre mental de façon consciente et volontaire, nous en ressentons instantanément un grand sentiment de relaxation et de bien-être. Nous avons alors accès à notre savoir inné, à la vraie connaissance et à la sagesse. C'est dans le silence que nous retrouvons ou découvrons notre clairvoyance ou notre claire audition. Le silence est un allié fabuleux pour nous aider à simplement être. Il nous apporte beaucoup de calme et de sérénité. Il est par conséquent essentiel si nous désirons exister au vrai sens du mot, c'est-à-dire être pleinement l'individu que nous sommes, avec ses qualités, ses forces et sa relation à l'univers. C'est le silence qui va nous permettre de prendre contact avec notre noyau fondamental et, ce faisant, de nous relier à la partie la plus profonde de notre être. Le silence est l'outil qui nous ouvre l'accès au domaine de tous les possibles.

Comment l'intégrer à notre vie quotidienne ? Il existe de multiples façons et c'est à chacun d'entre nous de trouver celle qui lui convient. Le premier pas consiste à désirer s'accorder ces moments pendant lesquels nous allons à notre propre rencontre, et de faire taire notre mental afin d'éliminer les peurs qui nous habitent. Se donner rendez-vous de façon quotidienne est une saine habitude, ainsi que trouver le lieu dans lequel nous pouvons nous retrouver avec plaisir et détente. Ce lieu n'a pas besoin d'être une pièce conçue à cette seule intention ; il peut s'agir de la salle de bains ou de la chambre à coucher ; bien entendu, la nature est aussi un endroit de choix. Le but est simplement de se sentir bien et à l'aise. S'accorder une bonne quinzaine de minutes est utile au début, à la fois pour s'accoutumer à la démarche et pour parvenir, avec l'habitude, à approcher ce silence dans tous les lieux possibles et le plus fréquemment possible au fil du quotidien. L'entraînement permet d'acquérir cette facilité qui apporte tant à celui ou celle qui s'accorde ce merveilleux cadeau.

Chapitre 4

À la rencontre de notre savoir inné

Être ancré dans le moment présent confère un énorme et précieux avantage : nous retrouver pleinement tels que nous sommes. Or, qui sommes-nous ? Nous sommes faits de matière et de pensées. La matière comprend notamment nos organes, dont le cerveau. Celui-ci est très performant sur le plan de la mémorisation et dans sa capacité à élaborer des projets. Il est d'ailleurs un des plus grands processeurs d'informations du monde connu. La partie du cerveau que beaucoup de gens appellent le subconscient peut interpréter environ vingt millions de stimuli par seconde, le conscient, lui, quarante stimuli par seconde. Ce dernier est donc moins performant, mais il reste néanmoins d'un très bon niveau. D'un côté, le cerveau est un organe fantastique, de l'autre, il est très limité, car, comme les ordinateurs qui ont du reste été créés à son image, il est binaire ; cela signifie qu'il fonctionne en ne tenant compte que de deux possibilités ; dès qu'une troisième est introduite, le choix devient impossible. Désirez-vous le programme x ou y ? Le cerveau est capable de choisir et il peut même être aidé en cela par la réflexion ; celle-ci pourrait être représentée par deux colonnes symbolisant, l'une les arguments pour, l'autre les arguments contre. Si un troisième programme est offert, le cerveau disjoncte, car il est incapable, au même titre qu'un ordinateur, de choisir. Il va pouvoir énumérer les mille possibilités existantes, mais il ne pourra faire le choix le plus adapté à la personne telle qu'elle se situe au présent dans son environnement. Cela est simplement hors de ses compétences, quelles que soient les capacités intellectuelles de la personne.

Le savoir acquis

Le cerveau humain dispose d'une immense capacité à stocker des informations, cela, dès la naissance ; l'ensemble de celles-ci s'appelle le *savoir acquis*. Nous avons vu que l'enfant en bas âge, par le biais du subconscient, intériorise de façon quasi automatique les croyances, les attitudes et les comportements qu'il observe chez ses parents. Si un jugement est émis par ces derniers, tel que : « Tu es un imbécile », l'enfant intègre cet avis à sa mémoire subconsciente comme s'il s'agissait d'un fait incontestable ; sa conscience n'est en effet pas encore assez évoluée pour faire la différence entre un fait objectif et un jugement subjectif. Il ne dispose pas non plus d'informations suffisantes pour faire la différence entre l'orge et l'ivraie. C'est ainsi que « Tu es un imbécile » ou « Tu es intelligent » sont intériorisés comme s'il s'agissait d'informations factuelles et feront désormais partie du savoir acquis. Par exemple, si l'enfant s'est vu traité d'« imbécile » par son père pour n'avoir pas su répondre à une question, la séquence suivante sera gravée en lui : face à une question, la réflexion « Je suis un imbécile » me vient automatiquement, d'où ma peur dès que l'on m'interroge.

Le grand problème que présente le savoir acquis est qu'il se développe alors que l'enfant n'a encore aucune possibilité de juger. Son immense défaut est qu'il fait fi de la personnalité de l'être humain. De plus, comme il est très performant et quasi automatique, il se met en marche sans que la personne en ait conscience. C'est ainsi que nous pouvons nous voir agir ou réagir à une situation de façon spécifique et répétitive, sans l'avoir réellement décidé. Le savoir acquis est un outil merveilleux ; c'est en effet lui qui nous permet de marcher sans nous poser la question de savoir comment il faut faire; mais il est aussi le fourre-tout de tout ce qui nous a été transmis et de toutes les croyances du monde adulte dans lequel nous avons été élevés. Il peut ainsi représenter la dépersonnalisation absolue.

Le système des croyances est excessivement puissant puisqu'il est transmis à l'enfant dès sa naissance par les adultes. Et souvent ces derniers ne sont eux-mêmes que les transmetteurs d'une croyance qu'ils ont reçue de leurs propres parents! L'extrême diversité des croyances fait qu'il est difficile d'en parler de façon générale. On peut tout de même considérer que nombre d'entre elles sont réductrices pour l'être humain et le cantonnent dans un rôle de pion plutôt que de personne à part entière. «Nous sommes impuissants face aux grands problèmes du monde», «Comment imaginer jouer un rôle sur le plan planétaire sans être mégalomane?» sont des exemples de réactions à un seul et unique sujet. Celles et ceux qui adhèrent à ces croyances insistent sur leur bien-fondé: «Qui y est parvenu, hormis quelques individus exceptionnels tels que Mandela, Gandhi?» Si vous faites alors remarquer que «ces individus exceptionnels» ont cru pouvoir faire évoluer les consciences et ainsi changer la société, les réponses seront à la mesure de la force de la croyance de votre interlocuteur qui en est l'*esclave*. Le mot est fort, mais il donne une représentation assez fidèle de ce que représente notre savoir acquis: un outil de référence programmé par le monde extérieur dont nous sommes esclaves. L'esclavage peut être doux ou dur, il est une absence de liberté et d'autonomie. Cela ne fait pas – et ne devrait pas faire – de notre savoir acquis notre meilleur ami!

Notre cerveau dispose aussi de la *réflexion*. Cette faculté est très utile puisqu'elle nous permet d'examiner les différents aspects d'une situation afin de déterminer quelle décision adopter. Lorsque nous avons envie de réaliser un projet, nous utilisons notre cerveau pour en planifier la concrétisation. Si notre projet est de voyager d'une ville à une autre, nous pouvons réfléchir au trajet à prendre, aux moyens de transport disponibles et à la somme d'argent qu'il nous faudra. Nous pouvons aussi, par la même occasion, envisager plusieurs scénarios au cas où celui retenu se révélerait irréalisable. La réflexion est donc très importante dans la concrétisation d'une idée ou d'une envie.

Elle est aussi utile lorsque nous avons un choix à faire, ainsi que nous l'avons vu précédemment. Elle s'appelle alors l'*esprit d'analyse*. C'est lui qui nous aide à établir les points positifs et négatifs d'une solution donnée. La réflexion reste cependant limitée par le cerveau, qui ne peut choisir s'il y a plus de deux possibilités.

La réflexion nous permet également d'élaborer et de développer des idées créatrices. Si j'ai envie, par exemple, de faire de la photographie, je vais utiliser ma réflexion afin d'analyser les différentes possibilités dont je dispose tout en tenant compte des limitations existantes. Cette réflexion, de type analytique, est une arme très efficace tant qu'elle ne devient pas notre seule activité ; la réflexion n'a en effet jamais été synonyme d'action. Mais elle doit précéder celle-ci afin que l'action soit la plus juste vis-à-vis de ce que nous souhaitons.

Souvenons-nous que cette capacité d'analyse et de réflexion est malheureusement lente par rapport à la formidable machine de guerre automatique qu'est le mental. Celui-ci aura forcément tendance à interférer par des remarques limitatives ; ainsi, pour reprendre l'exemple de la photographie : « À quoi cela sert-il puisque tu n'as aucun sens artistique ? ! »

Soulignons aussi que ce n'est pas la réflexion qui détermine ce dont nous avons envie : l'envie est présente en nous ; nous n'utilisons notre réflexion qu'en second lieu, afin d'essayer de trouver quel est le meilleur chemin pour la concrétiser, la « mettre en musique ». Ne confondons pas la réflexion et l'envie. Elles sont absolument différentes et n'ont pas la même provenance. La réflexion précède la prise de décision. Le processus naturel est donc la séquence suivante : envie suivie de réflexion puis prise de décision quant à la voie à suivre. Pour autant qu'il n'y ait que deux possibilités, les étapes deux et trois sont assurées par le cerveau ; s'il reste trois possibilités après que la réflexion a effectué son travail, le cerveau ne prendra en charge que l'étape de la réflexion.

Le cerveau est doté de tout un système de communication qui le relie au reste du corps. Les neurones et leurs synapses ainsi que les neurotransmetteurs hormonaux permettent cette communication. Ce système est excessivement complexe et très efficace; l'ensemble du corps est ainsi rapidement tenu au courant des informations importantes. De même, le corps peut informer le cerveau en lui envoyant des messages spécifiques afin qu'il puisse renvoyer une réponse adaptée. Tout cela fonctionne merveilleusement bien et est fort utile. Le cerveau, fierté de l'homme, n'est qu'un appendice du corps, mais il a de grandes capacités, comme nous venons brièvement de le constater: stockage d'informations, analyse de celles-ci, et réflexion. Par contre, ce n'est pas lui qui est à l'origine de la créativité, de l'intuition et de bien d'autres qualités qui sont pourtant à la base de ce qui constitue la spécificité de l'être humain.

Le savoir inné

Nous disposons en nous, et cela dès la naissance (et peut-être bien avant celle-ci, mais là n'est pas mon propos !), d'un autre savoir: le *savoir inné.* Celui-ci est beaucoup plus difficile à définir de manière exacte que ne l'est le savoir acquis, car il n'est pas composé d'une somme de croyances et de connaissances transmises par les autres, professeurs ou doctes personnes en tous genres. Ce terme désigne diverses capacités présentes en chacun de nous: la créativité sous toutes ses formes, l'intuition, l'intelligence innée, les capacités de clairvoyance et de claire audition en sont des exemples importants. *Tout ce que nous savons au fond de nous sans savoir pourquoi* pourrait en être une définition, même si celle-ci laisse à désirer par son trop grand flou !

Le terme d'« intelligence » est de temps en temps employé à la place de celui de « savoir », mais il est trop restrictif. Il désigne en effet l'aspect intellectuel de la pensée, notamment la raison, la réflexion ainsi que la compréhension, ce que l'on nomme la « matière grise ». L'intelligence est beaucoup plus apparentée au côté acquis et à la capacité d'analyse et de réflexion de notre cerveau qu'au savoir proprement dit. C'est du reste ainsi qu'elle est définie dans la langue française. Le savoir, au contraire, désigne la connaissance au sens large ; il est donc bien plus adapté à notre propos, car le savoir inné est une connaissance, un bagage à la fois naturel et inné, et peut même être considéré comme une forme d'érudition.

Les « dons » sont un autre terme utilisé pour désigner le savoir inné. Seule une partie d'entre nous en posséderaient à la naissance. Ils seraient ainsi plus performants que d'autres dans certains domaines. Si j'ai eu la chance d'avoir un don, j'aurai la possibilité d'aller plus loin que celui qui n'en a pas, à la condition que je travaille ce don. Cette vision du savoir inné me paraît beaucoup trop restrictive, et l'idée que certaines personnes sont dotées de dons et d'autres pas ne me plaît guère. Tout être humain naît en effet en ayant toutes les capacités nécessaires pour être performant dans tous les domaines de sa vie, à la condition qu'il le désire. L'univers ne fait pas de choix élitiste. L'élitisme relève des ego de celles et ceux qui basent leur existence sur la négation de l'autre en tant qu'être autonome et digne de respect. Le mental est parfaitement capable de construire de toutes pièces une croyance de cet ordre, mais celle-ci n'a aucune validité. Certes, chaque être est unique, mais il n'est ni supérieur ni inférieur aux autres. Il naît différent, mais c'est tout.

Le savoir inné est cette partie de nous-mêmes capable de nous aider à choisir la voie à suivre, alors que le savoir acquis et notre cerveau en sont incapables. Cette fabuleuse capacité relève de lui. Pour ce faire, il utilise principalement l'intuition, l'intelligence innée et la créativité.

Le savoir inné est aussi cette partie de nous qui reconnaît dans un écrit ou dans ce qui nous est communiqué ce qui nous est familier. Nous avons alors l'impression de déjà vu ou de déjà entendu. Chaque être humain possède ce savoir inné qui est universel et s'offre à lui de façon constante et intemporelle.

Ce savoir est présent en nous autant que dans le monde visible et invisible. Nous baignons dedans, mais nous n'en avons pas conscience, car nos croyances nous limitent, nous disent que ce sont là de beaux discours, mais que, rien n'étant prouvé, il n'est pas possible de s'y fier. Une autre voix nous souffle pourtant exactement le contraire. Pour déterminer laquelle de ces deux voix est juste, revenons à notre corps physique : la tension surgit à l'énoncé de quel discours ? Et la détente à l'énoncé de quel autre ? Faites l'exercice et vous aurez la réponse, votre réponse !

Le savoir inné est une partie du noyau fondamental que j'ai défini dans *Les Tremblements intérieurs*[4]. Ce noyau est l'essence même de notre être ; il est immatériel et constitue le siège de tout ce qui est impalpable. Il contient la pensée créatrice, la spiritualité et tout ce qui est émotionnel. Certains l'appellent « Âme » ou « Esprit », mais ces deux mots sont, le premier trop teinté de religiosité, le second trop assimilé à l'intellect.

Le noyau fondamental est le centre de notre être, il est ce que nous avons de plus profond en nous ; en même temps, nous baignons en lui. Il fait de nous des êtres dotés de spiritualité et de savoir. Il est une partie du Tout et le Tout est une partie de lui. Il existe en chacun de nous. Il nous distingue des autres tout en nous reliant à eux. Ce lien n'est pas un lien de domination / soumission, mais un lien de liberté et d'autonomie. Il permet l'échange vrai dans l'ouverture, car il n'est qu'Amour. Notre mental, qui est le non-Amour, met tout en œuvre afin que nous ne puissions pas nous relier à lui. C'est ainsi que nous pouvons passer des jours, des semaines et des mois sans avoir aucun contact avec notre noyau fondamental. C'est alors que nous faisons l'expérience du vide, du désintérêt, de l'absence de sens de notre existence ; nous errons d'une activité à une autre afin de remplir nos journées, mais sans vivre pleinement. Autant de signes que nous donne notre corps afin de nous avertir que nous ne sommes pas ici, dans le présent, mais ailleurs, ensevelis sous le bric-à-brac de notre mental...

Afin de reprendre contact avec notre noyau fondamental et le savoir inné qui en découle, nous devons éteindre notre mental et nous situer au présent. Souligner ce point paraît d'une rare banalité. On se dit que c'est évident et simpliste ! Tant mieux, car cela prouve que notre savoir inné, et éventuellement acquis !, existe bien. Mais si nous sommes honnêtes avec nous-mêmes, nous devons reconnaître qu'il est bien compliqué de mettre cette démarche en pratique. Notre mental nous a parfois entraînés si loin que nous ne nous apercevons plus que nous avons quitté l'ici et maintenant. Il nous faut alors connaître une grande tension ou, pire, une maladie ou un accident pour nous ancrer de nouveau dans le présent. Le choc est parfois brutal mais nécessaire. Nous pouvons continuer de considérer qu'il est « simpliste » de répéter que le moment présent est le seul dans lequel nous vivons, nous savons que ce n'est pas aussi simple !

Le savoir inné retrouvé est un merveilleux instrument de travail pour passer à l'acte et rebondir lorsque nous sommes face à une difficulté dans notre vie.

Pourquoi utiliser notre savoir inné ?

Notre savoir inné est à notre service pour nous aider à trouver une solution à nos difficultés. Il est le seul à pouvoir nous donner une réponse claire et adaptée, car il « sait » pour nous au présent, alors que notre savoir acquis, lui, se réfère aux expériences des autres et à notre passé. Lorsque nous sommes en relation avec notre savoir inné, nous avons des certitudes, alors que, lorsque nous sommes dans notre tête, nous sommes happés par un questionnement sans fin et des hésitations sans issue. Le savoir inné nous aide à apporter une réponse à toutes nos questions avec une facilité déconcertante ; alors que, si nous ne l'utilisons pas, la réponse ne vient pas ou ne vient qu'après une longue période laborieuse. La vitesse à laquelle la réponse surgit peut surprendre au début ; l'instantanéité est en effet la caractéristique du savoir inné et du moment présent. La rapidité et l'acuité de la réponse trouvée paraissent bien évidemment très louches à notre ego qui met immédiatement en œuvre ses capacités de remise en cause et ses questions, purs jeux visant à infirmer, voire à écarter la réponse trouvée.

Il est intéressant de mettre en parallèle avec cette observation l'attitude de certains « scientifiques » qui tiennent à haute voix sur la place publique le même discours « éclairé » que notre mental dans notre vie privée. Cela n'est pas étonnant puisque le savoir acquis est généralement le langage de notre «petit vélo». Ainsi le scientifique affirme-t-il que faire confiance à un savoir qui n'existe pas, puisqu'il n'a pas d'existence physique ou temporelle, est dangereux; il faut par conséquent chercher ailleurs et autrement la solution, poursuit-il, par exemple dans une analyse logique et objective de la situation – en un mot, rationnelle! Tous ces termes sont aux antipodes de notre savoir inné qui est naturellement illogique, irrationnel et subjectif.

Comment notre esprit rationnel et logique, notre objectivité, notre sens de l'analyse nous aideraient-ils à trouver une réponse alors que nous savons que notre cerveau est incapable de se déterminer dès que trois réponses sont possibles?

Toute personne qui s'intéresse vraiment à la science, c'est-à-dire à la recherche constante de ce qui se passe dans l'univers, sait par exemple que le seul fait de regarder quelque chose le modifie. John Wheeler, un physicien de Princeton, faisant référence à des expériences effectuées à la fin du XXe siècle, affirme qu'il est impossible d'observer simplement ce qui se passe dans l'univers qui nous entoure. Les expériences en physique quantique démontrent en effet que le simple fait de suivre un électron dans son mouvement, c'est-à-dire de concentrer son attention sur lui, ne serait-ce qu'un instant, modifie ses propriétés pendant l'observation. Cette découverte récente devrait faire voler en éclats les affirmations péremptoires selon lesquelles l'objectivité doit être considérée comme le critère de choix quand il s'agit de rechercher une solution à un problème.

La notion de «rationnel» est encore plus intéressante. Les synonymes de ce qualificatif sont: cartésien, raisonnable, cohérent, ordonné. Nous voilà donc condamnés à trouver une réponse raisonnable et cohérente à nos difficultés. Mais qui a le pouvoir de juger de la cohérence et de la justesse d'une solution? Qui s'arroge ce pouvoir si ce n'est ceux qui tiennent ces discours? Et sur quelles bases scientifiques ces discours reposent-ils? Aucune.

La science actuelle démontre le contraire de ce qu'ils affirment. De multiples expériences ont été menées depuis le début de la deuxième moitié du XXe siècle, et elles tendent toutes à prouver que ce qui a été un temps défini comme logique, cartésien et rationnel est aujourd'hui à reléguer au rang des pures croyances. Prenons quelques exemples parmi les milliers qui existent, mais qui, curieusement, continuent à être ignorés par ceux dont nous parlions précédemment.

1. La première expérience a été réalisée sur des photons, qui sont des particules de lumière, à l'Université de Genève[5]. Des scientifiques ont séparé un photon en deux particules, créant ainsi deux jumelles aux propriétés identiques. Les particules ont été propulsées dans des directions opposées à l'intérieur de fibres optiques et se sont retrouvées séparées par une distance de vingt-deux kilomètres. À ce moment-là, elles ont été forcées de choisir entre deux routes parfaitement identiques. Elles ont fait le même choix, franchissant le même trajet. Ces résultats ont été identiques à chaque fois que l'expérience a été reproduite. Les physiciens qualifient le lien entre les deux particules d'*intrication quantique*. Les particules de photons intriquées forment un seul et même objet, et quand elles sont séparées géographiquement, chacune subit automatiquement la modification effectuée sur l'autre.

Cette recherche est importante, car l'on croit communément que les photons ne peuvent communiquer entre eux et que leurs choix sont indépendants ! Lorsque les objets physiques de ce monde sont séparés, pense-t-on, ils sont réellement séparés dans tous les sens du terme. Or, cette expérience démontre que cette idée véhiculée comme étant la vérité absolue est erronée et relève de la croyance... De plus, elle prouve qu'il y a instantanéité de la transmission de l'information, à savoir que celle-ci va plus vite que la vitesse de la lumière, ce qui signifie que l'information est présente sur deux plans de façon instantanée. Cette expérience, qui date de 1997, détruit la théorie selon laquelle la transmission d'une information se ferait de façon linéaire avec un temps de latence entre le donneur et le receveur permettant son acheminement, une théorie élaborée par Newton et remontant à 1687 !

2. Une autre expérience a été conduite afin de vérifier si l'émotion humaine exerce une influence directe sur le fonctionnement des cellules du corps[6]. Un morceau de tissu a été prélevé dans la bouche d'un volontaire. Cet échantillon a été isolé et placé dans une pièce de l'édifice différente de celle où se trouvait le volontaire et où il était possible de mesurer ses réactions, cette mesure consistant en potentiels électriques. Le but était de voir si l'échantillon d'ADN réagissait ou non aux émotions du donneur installé dans le même édifice mais à plusieurs centaines de mètres. Là, une série d'images vidéo lui était présentée; celles-ci, conçues pour susciter chez lui de véritables émotions, consistaient en des images de guerre, des images érotiques et des images comiques. Pendant ce temps-là, la réaction de l'ADN était mesurée dans l'autre pièce. Quand le donneur éprouvait des « hauts » et des « bas » émotionnels, ses cellules et son ADN avaient *au même moment* une forte réaction électrique. Cette expérience a été répétée maintes fois, la distance entre le donneur et son prélèvement d'ADN ayant été augmentée progressivement jusqu'à atteindre plusieurs centaines de kilomètres; l'intervalle entre l'émotion et la réaction des cellules est resté nul : *l'effet était simultané.* Cette expérience suggère qu'il doit exister une forme d'énergie dans notre univers qui permet à des cellules et à leur ADN de communiquer de façon instantanée sans que la distance soit un frein ou provoque un ralentissement. De plus, cela tend à prouver que les émotions humaines ont une influence directe sur l'ADN vivant. En d'autres termes, nos émotions ont une action sur notre matière génétique. Toutes les croyances scientifiques disant le contraire volent en éclats, mais cela n'empêche pas nombre de scientifiques de continuer à ignorer ces découvertes...

3. L'effet placebo se définit comme étant un phénomène de l'esprit qui, par la suggestion positive, améliore la santé. Il confond celles et ceux qui soutiennent que la logique et le rationnel doivent présider à toute recherche de solution. Il est fort documenté dans les publications scientifiques et, bien évidemment, dérange parce qu'il démontre l'influence puissante de l'esprit sur la matière.

Mais qui oserait imaginer chez les incultes et néophytes que nous sommes que cela soit le contraire ? Personne ! Citons un exemple d'effet placebo pour illustrer notre propos : un chirurgien orthopédiste très réputé pour la chirurgie du genou a décidé d'effectuer une expérience sur ses patients[7]. Tous souffraient de troubles de leurs genoux conduisant habituellement à une intervention chirurgicale : douleurs durant la marche, en montant et en descendant les escaliers, boiterie, avec des radios corroborant les symptômes présentés. Un premier groupe de patients a bénéficié d'une intervention chirurgicale classique ; un deuxième groupe de la même intervention mais faite par laparoscopie (intervention menée à l'aide d'un instrument qui permet de visualiser par caméra la procédure chirurgicale et qui évite d'ouvrir toute l'articulation) ; un troisième groupe était composé de patients sur qui aucune chirurgie n'avait été pratiquée, mais dont la peau avait été incisée afin qu'ils croient avoir été opérés. Tous les patients avaient été informés de la même manière par le chirurgien. Les résultats ont été identiques dans les trois groupes : les patients ayant subi une « fausse chirurgie » ont constaté une amélioration de leur état de santé comparable à celle des patients qui avaient été opérés selon les règles de l'art.

Un autre exemple connu d'effet placebo concerne des lapins appartenant à une espèce présentant des taux élevés de cholestérol[8]. Ceux-ci étaient enfermés dans des cages empilées les unes sur les autres. Or, les lapins occupant la rangée du bas avaient des taux de cholestérol moins élevés que ceux des rangées du haut, ce qui surprenait les chercheurs, car tous les lapins étaient génétiquement identiques et traités de la même façon. Les chercheurs se sont alors rendu compte que la personne qui venait donner à manger aux lapins prenait ceux de la rangée du bas dans ses bras et les caressait avant de les nourrir, ce qu'elle ne faisait pas avec ceux des rangées du haut. La cholestérolémie baissait chez les lapins qui étaient caressés. Un exemple prouvant que l'effet placebo fonctionne même chez les animaux.

L'effet placebo, qui a été fort longtemps nié par une partie du monde dit « scientifique », est très bien documenté de nos jours et nul ne le remet en cause. Que nous aide-t-il à comprendre ? Que l'esprit a la suprématie sur la matière, comme nous l'avons déjà dit. Ce constat a des implications importantes à de nombreux égards. Il nous aide non seulement dans la recherche de solutions afin de résoudre une problématique donnée, mais aussi dans la création de notre propre réalité.

Nous sommes tous dotés d'un savoir inné accessible en tout temps. Il suffit que nous nous permettions de l'utiliser ou que nous le laissions s'exprimer en nous. Mais pour que ce savoir ait le champ libre, nous devons éteindre notre mental.

Que se passe-t-il lorsque nous sommes coupés de notre savoir inné ?

Il existe de nombreuses façons de se couper ou de ne plus s'autoriser à être en contact avec son savoir inné. La vie de la personne s'en trouve fortement modifiée. Prenons quelques exemples.

Paul est en panne de créativité

Paul est un artiste peintre connu qui se trouve en panne de créativité pour la première fois de sa vie, me dit-il. Il a 45 ans et il gagne sa vie grâce à son art depuis l'âge de 20 ans. Il est venu vivre à Genève, car il trouvait cette ville calme et reposante, après avoir résidé à New York, ville dans laquelle il a été l'objet d'une agression quatre ans auparavant. Il a en effet été passé à tabac dans une rue par trois hommes qui lui ont dérobé sa montre et le peu d'argent liquide qu'il avait sur lui. Le bilan de cette agression a été relativement léger sur le plan physique en regard de ce qui aurait pu survenir si des passants n'étaient pas intervenus : une fracture du poignet gauche, un traumatisme crânien et quelques côtes cassées, à quoi il faut ajouter de nombreux hématomes sur tout le corps.

À la suite de cette agression, Paul a été suivi pendant deux ans par un psychiatre new-yorkais, et mis sous antidépresseur, ce qui l'aide beaucoup, me dit-il. Il prend également un léger somnifère sans lequel il n'arrive pas à s'endormir. Depuis cet événement, il ne parvient plus à peindre. Il m'explique qu'il se sent comme coupé de la partie de lui-même qui, avant l'agression, lui permettait de vivre, de s'amuser et de profiter de la vie: «Avant, je jouais avec la vie. Je ne menais pas une vie ordonnée ni très sage, mais je trouvais en moi cette force fantastique de créativité qui m'a quitté depuis cette agression.» Malgré le changement de pays, Paul continue à «survivre plutôt qu'à vivre», et son état psychologique ne s'est pas amélioré: des craintes l'envahissent dès que la nuit tombe, il ne peut marcher seul dans les rues et souffre du syndrome de la toile blanche. Cela l'inquiète de plus en plus, d'autant que sa situation financière commence sérieusement à se dégrader. Il a arrêté le suivi psychiatrique lors de son arrivée à Genève, car cela ne semblait pas lui apporter une grande aide, si ce n'est pouvoir se confier à quelqu'un de façon régulière et parler de ses «faiblesses»; il continue par contre à prendre ses médicaments.

Intéressé à trouver une approche différente de celle qu'il avait suivie, il a participé à un stage fondé sur la méthode OGE[9]. Il a ainsi pu exprimer une bonne partie de la colère qu'il ressent toujours envers ses agresseurs, et en a été très heureux. Depuis, il continue d'ailleurs à exprimer sa colère. Il éprouve aussi une plus grande envie de se remettre à son travail, mais il n'arrive pas à «débloquer» sur le plan de sa créativité. C'est pour cette raison qu'il vient en consultation.

Pendant l'agression, Paul est resté lucide. Il n'a pas éprouvé de peur. Mais qu'a-t-il pu ressentir pendant qu'il se faisait frapper par trois brutes? Aucune peur, car, ainsi que nous l'avons vu, il se situait au présent, mais certainement beaucoup de colère. Après l'agression sont venus la décompression puis le traitement physique. Paul a dû raconter les événements au corps médical, à la police, à son avocat ainsi qu'à ses proches. Il a parlé de sa colère, mais tous les interlocuteurs rencontrés lui ont dit à leur façon qu'il devait essayer d'oublier, de passer outre, voire de pardonner. Les médecins lui ont proposé deux remèdes, l'antidépresseur et le somnifère, afin de l'aider à «fonctionner à nouveau». Mais personne ne lui a conseillé d'exprimer sa colère pour lui-même afin de se soulager. Cela dit, avec les médicaments, la colère s'est apaisée. «Avant, je la ressentais bien au fond de mon ventre», dit Paul. Quelle partie de Paul crée les tensions l'amenant à ne plus pouvoir dormir sans somnifère et à ne plus être créatif? Le mental, car c'est lui qui est à l'origine de la peur: c'est parce qu'il est actif que Paul ne ressent pas sa colère, et c'est lui qui bloque l'accès au savoir inné et à la créativité de Paul.

Le traitement proposé à Paul fut simple et peu coûteux: éteindre son mental qui avait pris le pouvoir en lui juste après l'agression et avait ensuite été renforcé par les conseils de son entourage. Bien entendu, il lui a fallu beaucoup de constance afin d'exprimer toute la colère qu'il avait accumulée en lui depuis l'agression, sans compter les autres colères «oubliées» depuis fort longtemps; il a ensuite pu retrouver son envie et ses sensations, et peindre à nouveau. Il est parvenu à cela en quelques mois, aidé par l'arrêt progressif des antidépresseurs et des somnifères. Éteindre son mental a permis à Paul de reconnaître, ressentir et exprimer sa colère, ainsi que de retrouver son savoir inné et, par conséquent, sa créativité bloquée. Paul a choisi d'exprimer d'abord l'émotion qu'il avait enterrée en lui, puis de retrouver sa créativité. Il aurait aussi pu choisir de faire l'inverse: reprendre contact avec son savoir inné puis exprimer sa colère. La décision lui appartenait, et à aucun moment une quelconque voie à suivre ne lui a été imposée.

L'exemple choisi est celui d'un artiste confirmé. Certaines personnes pourraient voir là une infirmation de ce qui a été avancé précédemment, à savoir que toute personne a accès à son savoir inné, siège de sa créativité. Il n'en est rien. L'exemple de l'artiste illustre en effet parfaitement à mes yeux l'impact du mental sur l'être humain: même un artiste reconnu peut se voir bloqué dans sa créativité lorsque son mental est présent et actif. L'artiste en herbe que nous sommes tous a tout autant de «chances» de se retrouver bloqué que celui qui est déjà un professionnel, mais il a aussi tout autant de chances d'atteindre sa créativité s'il éteint son mental.

Patricia ne parvient plus à utiliser sa créativité

Patricia, qui travaille dans une agence de publicité, a toujours été très recherchée pour son inventivité. Or, depuis quelques mois, elle est improductive et, de ce fait, très inquiète. Elle se sent fatiguée physiquement et n'a plus d'entrain ni de joie de vivre. Elle a consulté son généraliste qui lui a donné quelques vitamines tout en lui disant que, si cela continuait, il faudrait se demander si elle ne faisait pas une petite dépression ! Elle a ressenti ces symptômes et cette baisse de créativité après une série de séances de *brainstorming* avec sa hiérarchie au cours de laquelle elle ne s'est pas sentie soutenue ni reconnue. Elle s'est même vu reprocher une attitude « trop individualiste et négligeant l'esprit d'équipe » par certains de ses collègues. Depuis, elle peine à avoir des idées, alors que jusqu'à présent elle a toujours été une personne animée de « dix mille pensées créatives à l'heure ». Elle doute dans tout ce qu'elle fait et ne sait plus quelle attitude adopter avec ses collègues et vis-à-vis de sa hiérarchie. Aller travailler commence à lui peser alors que cela n'a jamais été le cas.

Que s'est-il passé ? Patricia, après des remarques qu'elle a ressenties comme autant d'attaques, a perdu confiance en elle, ce qui veut dire qu'elle s'est retrouvée esclave de son mental qui, d'une part, l'a coupée du présent en la plongeant dans la peur et, d'autre part, l'a coupée de son savoir inné, et donc de son inventivité et de sa spontanéité. Elle est totalement dans sa tête, se posant des questions à propos de tout geste quotidien. Elle a abandonné son naturel pour adopter une attitude qui convienne aux autres. Ce faisant, elle a perdu son autonomie et le respect d'elle-même. Son corps le lui rappelle : par sa fatigue et son mal-être, il lui suggère d'éteindre son mental afin de revenir dans le moment présent et retrouver sa confiance en elle et son inventivité. Simple à dire mais pas aussi facile à mettre en pratique !, me direz-vous. Éteindre son mental est pourtant réellement simple, au sens où il n'est pas besoin d'avoir fait des études poussées ni d'avoir accompli tout un travail de développement personnel pour y parvenir. Il faut néanmoins s'atteler à la tâche, ce qui demande parfois que l'on s'y reprenne plusieurs dizaines de fois par jour. Patricia a fait ce travail qui lui a apporté un mieux-être et lui a permis de retrouver son inventivité. Perdurait cependant sa difficulté à travailler dans la joie. « Je ne travaille plus en m'amusant, comme avant ! » me disait-elle. Elle se réjouissait de voir arriver la fin de semaine, trouvant que l'ambiance du bureau avait changé et s'était faite pesante. Elle a alors réalisé que son mental était encore actif et bloquait ce qu'elle ressentait, à savoir sa colère par rapport au manque de soutien de sa hiérarchie et aux critiques de ses collègues. Une fois cette émotion vécue, dans le cadre d'un stage OGE, et après l'avoir exprimée seule, pour elle-même, afin de se soulager, Isabelle s'est sentie beaucoup plus légère et a pu retourner à son travail sans que cela soit un pensum.

Marie se voit refuser son inventivité

Marie, qui est employée par une société de courtage de biens immobiliers depuis cinq ans, a aidé à créer un secteur nouveau concernant les objets de haut luxe. Tout s'est parfaitement bien passé jusqu'au moment où sa cheffe directe, mise constamment sous pression par une direction qui en demandait toujours plus, a fait un *burn-out* et a été mise en arrêt de maladie par son médecin. Du même coup, Marie, depuis cinq mois, tient à bout de bras tout le service qui s'est beaucoup agrandi depuis sa création. Son directeur direct est tendu lui aussi, car, avec la crise actuelle, le commerce de biens de luxe marque un temps d'arrêt. Il a de surcroît tendance à rejeter sa nervosité sur son entourage professionnel, dont fait partie Marie, qui me dit cependant s'y être habituée avec le temps. Elle avoue pourtant qu'elle est fatiguée, car elle assume deux postes. Elle se donne à fond et sacrifie ainsi sa vie privée, mais, vivant seule, sans couple ni famille, la situation est supportable, me dit-elle.

Elle arrive un jour dans mon cabinet en étant très mal et en me demandant de la mettre en arrêt de travail immédiatement, car elle vient d'« exploser » et ne peut plus retourner travailler. Son directeur lui a en effet dit qu'il n'admettait pas qu'elle prenne des initiatives sans en être informé préalablement et sans qu'il en ait approuvé la teneur. Il a averti Marie de façon officielle, par lettre. De quoi est-elle coupable? D'avoir introduit dans les statistiques de son service une nouvelle donnée pouvant apporter des informations sur un point spécifique et important, selon elle, mais qui n'intéresse guère son patron! En réalité, ce qui lui est reproché, c'est d'avoir pris une initiative et d'en avoir parlé à son directeur par la suite et non avant, ce qui entame l'autorité de ce dernier; c'est en tout cas ce qu'il laisse transparaître par son attitude. Résultat: une employée de plus en arrêt de travail, dégoûtée par les procédés utilisés, et épuisée bien plus par le refus de son directeur d'accepter sa créativité que par quoi que ce soit d'autre. De plus, Marie a perdu confiance en sa hiérarchie et en elle-même. Il lui faudra plusieurs mois pour retrouver cette confiance. Après avoir fait le travail nécessaire afin de se retrouver, à savoir éteindre son mental et exprimer ses émotions, Marie a réussi à reprendre contact avec son savoir inné, mais elle a alors décidé de quitter son travail.

Le monde du travail actuel nous oblige à constater la fréquence grandissante de la perte de créativité et de la perte d'envie de travailler chez un nombre croissant d'individus et dans des domaines très variés. L'absentéisme dû à la maladie, au harcèlement, au *burn-out* et à d'autres troubles tels que la dépression ne fait qu'augmenter. Et les coûts à payer sont en proportion. Face à une telle situation, ne serait-il pas judicieux d'introduire, dans les lieux de travail, des instruments simples et peu coûteux en temps et en argent, susceptibles d'aider les employés à retrouver leur désir de travailler et leur créativité? Chaque employé, dans une entreprise, ne devrait-il pas avoir la possibilité d'être créatif et être encouragé dans ce sens par son employeur? Le mot « créativité » fait très souvent peur à la hiérarchie, car celle-ci craint que l'employé ne fasse plus ce qui est défini dans sa description de tâches et se lance dans n'importe quoi. D'un côté, on demande à l'employé d'être le plus productif possible, d'un autre, on l'en empêche en muselant ou en limitant sa créativité. Une telle attitude est contradictoire, car la créativité peut permettre des améliorations intéressantes dans le cadre même du travail demandé. Ainsi, un guichetier de banque est-il parfaitement capable, en utilisant sa créativité, d'apporter des changements qui permettront, par exemple, une procédure simplifiée ; encore faut-il que ces changements soient approuvés par des supérieurs qui encouragent ce type d'initiative ! Un ouvrier peut en faire autant dans son usine, et nous pourrions multiplier ces exemples. La condition de base est que la créativité soit souhaitée et, par conséquent, encouragée par la hiérarchie. Sans cela, l'employé ne cherchera pas dans cette direction et se contentera de faire le travail qui lui est demandé, même s'il remarque à quel point ce qu'il fait et surtout la manière dont il le fait pourraient être améliorés, le plus souvent à peu de frais. Mais s'il constate que son chef direct et sa hiérarchie ne désirent pas être dérangés dans le fonctionnement huilé qui les sécurise, il gardera ses talents pour lui ; à cela près qu'il risque de vivre une frustration grandissante susceptible de le mener à une déresponsabilisation puis au désintérêt qui peuvent conduire à la maladie et au mal-être. Le processus est simple et devrait être connu des décideurs. Or, que constate-t-on ? Que pas grand-chose n'est mis en place pour encourager les employés à utiliser leur savoir inné afin d'exploiter leur potentiel. Ce serait pourtant un réel bénéfice pour l'entreprise, car, si un employé est centré sur sa tâche et bien dans sa peau, cela rejaillit inévitablement sur son environnement, et vice versa. N'est-ce pas cela le fameux gagnant-gagnant dont tout le monde parle, mais qui semble si difficile à mettre en place ?

La méthode OGE et le savoir inné

Notre savoir inné constitue une force intérieure gigantesque. Elle est disponible à tout moment à la seule condition que nous le désirions et que nous nous accordions le droit d'être dans le moment présent, coupés de notre mental.

Nous disposons d'un outil afin de ne plus être soumis à notre mental, un exercice simple : porter notre attention sur notre corps physique et sensoriel. Il suffit d'utiliser cet outil pour prendre contact avec notre savoir inné, immense et si performant, contrairement à notre savoir acquis, limité et limitant. Le savoir inné n'a aucune limite, si ce n'est celles que nous lui mettons avec les croyances, les façons de penser, les jugements que nous avons hérités de notre entourage et dont nous sommes devenus les esclaves. Ces croyances ont la vie dure. Plus nous luttons contre elles, plus elles prennent de l'importance ! Plus nous désirons nous en débarrasser, plus il nous sera difficile d'y parvenir ! Essayons, lorsque nous avons un problème, de ne plus y penser. Nous n'y arrivons pas, car la simple décision de ne plus y penser fait que nous y pensons davantage. Nous ne pouvons pas chasser le mental avec le mental, nous l'avons déjà vu. Il n'est par conséquent pas bon de nous battre contre nos croyances.

Adopter des croyances opposées à celles qui nous ont été transmises n'est guère mieux. Imaginons qu'une croyance héritée de mes parents est qu'être au chômage est une honte et qu'il vaut mieux accepter n'importe quel travail en attendant d'en trouver un dans lequel on puisse s'épanouir. En lutte contre cette façon de voir, je peux adopter une attitude d'opposition extrême qui me fera refuser tout travail. Cette expression de mon opposition risque fort de beaucoup me frustrer, car elle n'a rien à voir avec mon désir profond. Bien entendu, je ne me sentirai pas mieux ; il se peut même que je me sente plus mal d'avoir fait mienne une croyance qui n'a rien à voir avec ma personne.

Il faut nous battre pour nous et notre bien-être. Pour ce faire, il faut éteindre notre mental et revenir dans le moment présent afin de nous enraciner dans notre savoir inné et ne plus nous laisser envahir par des croyances qui nous sont étrangères. Il y a tant de richesses à découvrir en soi. Lorsque nous revenons à nous, nous revenons au monde et à l'univers, c'est-à-dire aux autres, qui sont liés au même monde et au même univers que nous. C'est donc en revenant à nous, ce que certains considèrent comme une attitude égoïste, que nous pouvons le mieux avoir des relations avec les autres fondées sur la liberté plutôt que sur le pouvoir et la servitude. Ce n'est pas en faisant passer les autres avant nous que nous serons respectés par eux, mais en nous respectant nous-mêmes. La voie qui nous est enseignée n'est malheureusement pas celle-là. Elle privilégie l'autre, le fait passer avant nous et notre existence. C'est pourquoi tant de gens sont malheureux : ils sont coupés de leur personne au point qu'ils n'existent plus par eux-mêmes, mais seulement par rapport à l'autre et à une éventuelle récompense qu'ils pourraient recevoir de lui. Nous battre pour nous est une façon de nous accorder de l'Amour, ce sentiment qui transcende tout et nous permet de vivre pleinement et dans la confiance.

Une méthode est à même d'aider les personnes qui se sentent coupées d'elles-mêmes avec toutes les implications que cela peut avoir sur la santé autant que sur la vie professionnelle et la vie affective : la méthode OGE[10], qui a été suivie par Paul et Patricia. Le mot OGE est l'inverse du mot EGO et signifie « à l'envers de l'ego ». L'ego, ou le mental, se définissant, ainsi que nous l'avons déjà vu, comme ce qui nous coupe du moment présent, nous empêche de reconnaître, de ressentir et d'exprimer nos émotions, et nous coupe également de notre noyau fondamental et de notre savoir inné.

La méthode OGE repose sur trois piliers essentiels :

- Éteindre le mental ;
- Reconnaître, ressentir et exprimer ses émotions ;
- Retrouver son savoir inné et son noyau fondamental.

Éteindre son mental est un passage obligatoire : nous ne pouvons poursuivre que si nous sommes passés par cette étape. La méthode OGE est un instrument excessivement performant qui aide l'individu à retrouver son autonomie et sa liberté dans toutes les facettes de sa vie : sa santé, ses relations affectives et son milieu professionnel.

Chapitre 5

La pensée créatrice

Comme son nom l'indique, la pensée créatrice nous permet de créer. Elle est la pensée qui nous aide à inventer notre réalité, notre vie. Elle est par conséquent une pièce maîtresse de notre existence.

La pensée dans le vide

La pensée créatrice n'a rien à voir avec le fatras de pensées dans le vide que notre mental a pour habitude de nous présenter au fil de la journée ; c'est-à-dire une suite ininterrompue de pseudo-possibilités toutes aussi inatteignables et irréalisables les unes que les autres. Certes, nous avons l'impression d'être intelligents en pensant à tout cela. En réalité, lorsque nous nous arrêtons, nous nous rendons vite compte que toutes ces pensées sont pleines de vide ! Le plus souvent, nous appelons « pensées » des fictions qui n'ont rien de constructif ni de solide, et sur lesquelles nous ne pouvons rien bâtir avec notre réflexion. Lorsque nous répondons machinalement : « Je ne pense à rien », c'est généralement parce que nous traversons un de ces moments où tout et rien nous passe par la tête. Notre mental est alors le maître du jeu et nous procure une sensation de brillance tandis que nous sommes dans la grisaille et le manque total de clarté. Ces pensées existent en nous même quand nous ne les sollicitons pas : elles font beaucoup de bruit et nous empêchent de nous concentrer. Elles sont aussi le bruit de fond qui nous habite lorsque nous ne nous situons ni au présent ni dans le silence. Elles n'ont aucun intérêt, si ce n'est celui de répondre à la peur intense qui peut nous habiter lorsque nous nous retrouvons seuls face à nous-mêmes...

La pensée croyance

La pensée peut aussi se rattacher à une croyance. Ce type de pensée est excessivement commun. Nous avons déjà vu que nos croyances sont issues de notre éducation, de ce que nous avons appris de façon volontaire ou contrainte. Elles sont par conséquent liées à la société, à ce qui a été mis en place par celle-ci afin de nous faire suivre un chemin qui n'est pas forcément le nôtre. Ces croyances sont ce qui nous fait dire : « Je n'y arriverai pas », « Je n'y crois pas », « Je ne suis pas assez bon pour... » Toutes ces remarques qui surgissent de nous de façon quasi automatique sont des croyances, car elles sont issues d'une partie de nous-mêmes qui nous refuse sans raison le droit d'avoir confiance en notre potentiel. La réponse que nous donnons nie, presque de manière réflexe, notre droit à accéder à une autre réalité que celle qui nous a été imposée par les autres ou celle que nous nous imposons pour ne pas leur déplaire. Ces croyances sont très puissantes et prennent des formes variées, elles sont la plupart du temps un héritage direct de notre éducation.

Paolo le médiocre

Paolo a 25 ans et va d'échec en échec. Il n'a pas réussi à terminer ses études secondaires et a dû faire un apprentissage ; il a choisi la maçonnerie parce que son père est maçon et qu'il lui avait dit qu'il le prendrait dans son entreprise. Il a passé difficilement son diplôme de fin d'apprentissage et travaille depuis avec son père. Simple maçon, il est constamment rabroué par ce dernier qui lui reproche son manque d'initiative et sa lenteur. Paolo avoue qu'il travaille lentement, car il est consciencieux et certainement insuffisamment doué, contrairement à ses collègues et à son père, « bien meilleurs que moi », me dit-il. Il en a eu assez et a essayé de quitter l'entreprise familiale, mais personne d'autre n'a désiré l'engager, ce qui le conforte dans l'idée qu'il n'est pas bon.

Sur le plan affectif, voilà un an qu'il n'a pas de relation. L'amie qu'il avait à ce moment-là est partie avec un de ses copains. Il comprend parfaitement ce qui lui est arrivé et m'explique que, compte tenu de son manque de confiance en lui, il n'a jamais pu s'imposer dans la relation. Depuis, il tremble dès qu'il envisage une nouvelle liaison, même s'il est conscient d'avoir du succès auprès de la gente féminine. Il se sent à chaque fois faible et incapable « d'être à la hauteur » et souffre depuis sa séparation d'éjaculation précoce, ce qui, bien évidemment, renforce son manque de confiance en lui.

Le père de Paolo est un homme dur et peu aimant qui a toujours ignoré son fils et préféré sa fille de deux ans plus jeune. Depuis sa tendre enfance, Paolo a été « mené à la baguette » par ses parents qui lui ont très souvent répété qu'il devait être le meilleur et faire honneur à la famille. Il a été mis sous pression par son père qui, n'ayant pas eu la chance de bénéficier d'une éducation complète dans son pays d'origine, n'était jamais satisfait de ses résultats scolaires. À chaque fois, Paolo se faisait traiter de « bon à rien » et d'autres qualificatifs pas valorisants du tout. Ces insultes ont continué devant les employés au sein de l'entreprise familiale. Paolo comprend que son père aimerait qu'il soit le meilleur, mais il trouve que la pression qu'il exerce sur lui est trop grande. Par ailleurs, comme il s'estime « assez moyen en tout », il ne s'étonne pas de décevoir son père et sa mère. Il sait que sa vie n'est pas très brillante et qu'il va falloir qu'il se contente de faire au mieux. Heureusement, conclut-il, son père est là pour l'aider, il l'a accepté dans l'entreprise dans laquelle, du reste, sa sœur vient de rentrer en tant qu'adjointe de direction, car elle est « beaucoup plus intelligente » que lui...

Paolo a hérité d'une croyance voulant qu'il soit incapable de réussir dans sa vie. Cette croyance intervient dans toutes les actions qu'il entreprend. Il en est imprégné et, de façon automatique, récite la leçon qui lui a été apprise par son milieu familial, et plus particulièrement par son père, depuis sa naissance : « Tu n'es pas capable et pas assez intelligent pour être autre chose qu'un médiocre. » Sa vie d'enfant, d'adolescent et de jeune adulte est à l'image de ce qui lui a été imposé par son entourage.

Nous sommes exactement dans l'illustration de ce que le savoir acquis véhicule. N'oublions pas que ce savoir acquis, le mental en l'occurrence, crée une tension en Paolo. Ce dernier a en effet souffert de multiples sinusites pendant son adolescence, et est actuellement éjaculateur précoce. Son corps essaye donc de lui parler. D'où provient la tension que Paolo ressent ? D'une opposition entre son mental et son noyau fondamental qui dit à Paolo qu'il a bien toutes les qualités requises pour être performant sur tous les plans ! C'est cette opposition qui crée les tensions entraînant les troubles physiques. Nous voyons à quel point une croyance peut polluer l'univers d'un individu, ici Paolo.

Que peut-il faire ? Avant tout, exprimer ce qu'il ressent afin de permettre à ses émotions de colère et de tristesse de se débloquer, puis trouver en lui ce dont il a envie afin de pouvoir le réaliser, c'est-à-dire le mettre en forme dans sa réalité quotidienne. Tout ce processus va nécessiter qu'il éteigne son mental ; à défaut de quoi celui-ci ressurgira très rapidement pour lui expliquer qu'il est facile de rêver être une personne performante, mais que, dans sa vraie réalité, il est médiocre !

Mireille immobilisée dans sa vie

Mireille est caissière dans une grande surface depuis douze ans. Elle est lasse de ce travail, qu'elle trouve fatigant et ennuyeux, et aimerait bien en changer, mais elle a peur de se lancer dans un autre métier qui la satisferait. Elle se sent par ailleurs limitée dans ses choix. Étant donné le temps qu'elle a passé derrière sa caisse enregistreuse, m'explique-t-elle, elle ne voit pas quelle autre activité on pourrait lui permettre d'exercer. Elle pense par ailleurs qu'elle est trop âgée pour recommencer des études. Mireille a 32 ans et souffre depuis cinq ans de brûlures d'estomac qui sont soulagées par la prise d'antiacides. Ses symptômes sont apparus au moment où elle a envisagé de changer de métier. Elle désirerait devenir fleuriste, mais elle sait qu'elle serait « incapable de créer des beaux bouquets et de choisir les bons produits ». Je lui demande comment elle peut en être aussi certaine, et elle me répond qu'elle n'a aucune confiance en elle depuis son enfance, car elle a été élevée par sa grand-mère maternelle qui lui a répété à longueur de journée qu'une femme doit se contenter d'effectuer le travail qu'on veut bien lui donner et qu'une fois un bon travail trouvé, il ne faut surtout pas se risquer à vouloir en changer compte tenu du risque d'être congédié. En réalité, la grand-mère racontait sa propre histoire, mais Mireille, tout en le sachant, ne parvient pas à passer outre et à se lancer dans une formation de fleuriste. Elle a peur et est absolument convaincue qu'elle ne peut changer son destin.

De nouveau, nous nous trouvons face à une personne qui a fait sienne la croyance d'une autre, sa grand-mère, et qui ne parvient pas à s'en détacher. Intellectuellement, Mireille sait que cette croyance ne vient pas d'elle, mais, dans son quotidien, elle s'entend répéter le discours de sa grand-mère qu'elle adorait ; du même coup, elle se sent bloquée dans l'élan qui vient du fond d'elle et la pousse à se réaliser autrement. La conséquence de ce combat est une tension dans le corps physique de Mireille : des brûlures d'estomac qui ne disparaissent pas...

Cette croyance est bien évidemment issue du savoir acquis, une des multiples facettes du mental. L'envie de changer de métier, de devenir fleuriste et de se transformer en une autre personne qui aurait confiance en elle est ancrée en Mireille au plus profond. Ces désirs sont issus de son noyau fondamental qui souffle à son oreille que tout est en place pour qu'elle puisse réaliser son projet de vie si elle croit en elle.

Jeanne « la moche »

Jeanne est âgée de 36 ans. Elle est désespérée, car elle cherche l'homme de sa vie depuis son adolescence, mais ne le trouve pas. Elle désirerait rencontrer le prince charmant qui lui apporterait tout l'Amour et toutes les attentions dont elle rêve. Mais elle pense qu'étant « trop moche », cela est impossible et ne peut rester qu'un doux rêve. Elle souffre par ailleurs de boulimie depuis son adolescence, et sait qu'elle comble son « vide affectif » par la nourriture. Le discours est clair, limpide, absolument logique et rationnel. Il lui a d'ailleurs été tenu de nombreuses fois par les divers psychiatres, psychologues et nutritionnistes qu'elle a rencontrés dans sa recherche de solution.

Jeanne paraît très sûre d'elle-même et pousse du reste plus loin le raisonnement : sa boulimie lui fait prendre du poids, ce qui la rend « encore plus moche », et par conséquent non désirable. Le cercle vicieux est évident, et elle en est « parfaitement consciente ». Comment aller mieux malgré tout cela ? Physiquement, Jeanne est une femme avec un très joli visage, certes un peu forte, mais de qui rayonne beaucoup de charme et de tendresse. Je lui demande si, avant qu'on lui ait dit que la boulimie est associée à un vide affectif, elle avait fait le lien par elle-même. Devant sa réponse négative, je l'invite à me dire avec quoi elle associait ses crises : « Avec le fait que ma mère m'a répété depuis mon plus jeune âge que j'étais trop grosse et vilaine ; du coup, à l'adolescence, quand mes amies ont commencé à flirter avec les garçons, je me suis réfugiée dans la bouffe. De toute façon, aucun garçon ne s'intéressait à moi vu comme j'étais faite. » Que ressentait-elle alors ? « De la tristesse, me répond-elle, et je me sentais aussi rejetée et tenue à l'écart des autres. » Après lui avoir demandé si une autre émotion ne se cachait pas derrière cette tristesse, elle parvient à me dire qu'elle était très en colère contre ses amies, les garçons et sa mère. Qu'a-t-elle fait de ces émotions ? « J'ai beaucoup pleuré et je pleure encore beaucoup, ce qui explique que je suis désespérée. » Mais de la colère ? « Rien, si ce n'est la garder au fond de moi... »

Depuis quand sa mère lui dit-elle qu'elle a des problèmes de poids et qu'elle est «trop moche»? Dès son enfance, me répond Jeanne, sa mère, qui était très mince, lui a demandé de moins manger et de surveiller son poids. Elle lui a même fait suivre des régimes supervisés par des nutritionnistes qui lui indiquaient ce qu'elle pouvait ou non manger. «Cela me mettait encore plus mal à l'aise, explique Jeanne, car, lorsque j'allais chez des amies, je ne pouvais pas manger comme les autres; du coup, tout le monde me regardait, ce qui est très désagréable...» Sa mère, très énervée un jour que Jeanne, âgée de cinq ans, avait mangé une barre de chocolat sans en avoir reçu la permission, lui a alors dit que «non seulement elle était grosse, mais que là elle allait devenir carrément moche». Cette scène est gravée en Jeanne depuis lors, et elle pleure en me la racontant pour finir par me dire que sa mère avait malheureusement parfaitement raison...

Jeanne est victime de deux croyances: l'une, très profondément ancrée, est liée aux critères de beauté et de santé de sa mère, l'autre, moins profonde car plus récente dans son histoire personnelle, est liée au savoir pseudo-scientifique de certains thérapeutes et autres marchands d'illusions. La réponse que Jeanne donne à la question posée sur la signification réelle de sa boulimie est très éloignée de ce que certains de mes collègues lui ont assené comme étant «la vérité» sur sa souffrance. Mais elle a adopté leur version comme étant la sienne, car c'est la façon courante de présenter la boulimie.

Que provoque, dans le corps physique d'une personne, l'adoption d'une pensée croyance qui va à l'encontre de ce que cette personne ressent? Une tension qui se surajoute à celles issues des colères non exprimées. Dans un premier temps, il va donc falloir que Jeanne reconnaisse ses émotions, puis, dans un second temps, qu'elle les ressente et les exprime. Simultanément, Jeanne entrera en contact avec son savoir inné, qui lui apportera de vraies réponses quant à son mal-être. Ce faisant, elle avancera vers la guérison avec ses propres outils, non ceux ordonnés par les autres qui se sont révélés inopérants jusqu'à présent. Nous voyons de nouveau clairement l'opposition entre les croyances et le savoir inné, avec la répercussion qu'elle peut avoir chez un être humain.

Nous pourrions multiplier les exemples. Chacun d'entre nous peut trouver dans sa vie nombre de ces idées reçues. La plupart sont des héritages de notre éducation, d'autres nous sont inculquées par la société dans laquelle nous vivons. Lorsque celle-ci décide d'inonder la planète de la nouvelle qu'une pandémie nous menace, elle utilise les médias, des membres de la communauté scientifique, des organismes tels que l'OMS afin de nous en convaincre. L'éventualité se transforme alors en certitude, soit une croyance très ancrée chez beaucoup de gens qui tomberont bien évidemment malades dès que l'élément responsable de la pandémie frappera à leur porte. Ces malades en puissance sont animés par une autre croyance fondamentale : les organisations telles que l'OMS, les médias, les politiciens et les hommes de science disent tous la vérité !

Mais ce qu'il y a de particulièrement intéressant dans les exemples que nous avons cités, c'est que chaque personne a créé sa propre réalité sur la base de ses croyances. Paolo, convaincu qu'il est médiocre, crée quotidiennement une réalité qui est celle d'un homme en effet médiocre ; Mireille ne parvient pas à se défaire de la croyance que ce n'est pas une bonne idée, pour une femme, de changer de métier ; Jeanne, animée par deux croyances – elle est moche et les médecins savent mieux que nous ce dont nous souffrons –, s'organise pour les mettre en scène. De même, la grande majorité des personnes qui souffriront de la pandémie seront-elles des « victimes » non pas de la pandémie, mais de leur croyance. Tous sont prisonniers de leurs croyances. Le mental est à la barre de leur vie ; la preuve leur en est fournie par les tensions que sa présence génère.

La fameuse loi de l'attraction[11] se trouve une fois de plus vérifiée : *chacun attire à soi ce qui lui ressemble.* Cet axiome et cet autre voulant que *ce à quoi je pense et ce en quoi je crois ou espère advient* fournissent une explication au fait que, lorsque nous pensons à quelque chose en y croyant vraiment, nous attirons à nous ce quelque chose ; de même, si nous craignons que quelque chose nous arrive, il y a de fortes probabilités que cette chose se produise, car nous l'attirons à nous en lui donnant de l'importance par notre pensée. Il est essentiel de souligner que la pensée constitue la base de cette attraction, mais que son ingrédient est la croyance.

La pensée positive

Il existe un type différent de pensée appelé la *pensée positive*. De nombreux ouvrages en traitent, parmi lesquels deux sont très connus : *Le Secret*, de Rhonda Byrne, et *La Loi de l'attraction*, d'Esther et Jerry Hicks[12]. La pensée positive repose sur le postulat que notre vie correspond à nos pensées et qu'il nous suffit de penser positivement pour qu'elle devienne positive. C'est en tout cas ce que la majorité des personnes en retiennent, confondant cette méthode avec la méthode Coué, créée par le docteur du même nom, un psychothérapeute qui a mis au point une méthode d'autosuggestion très simple : il suffit de se répéter durant toute la journée : « Je vais de mieux en mieux de jour en jour » pour aller mieux.

La méthode de la pensée positive diffère légèrement de la méthode Coué. Elle oblige notamment à respecter certaines règles. L'idée de base est que la pensée est une énergie qui ne pense pas, qui ne réfléchit pas et qui n'analyse pas. Étant donné que la pensée est énergie, il suffit d'émettre une pensée positive pour que celle-ci nous revienne amplifiée après s'être déplacée dans l'univers. Il existe quelques conditions complémentaires qui sont les suivantes : la pensée doit être émise au présent et la forme négative bannie de sa formulation. Le présent est impératif, car le futur et le conditionnel introduisent une notion de doute et risquent de conduire au contraire de ce qui est souhaité. Dire : « J'espère que ceci se réalisera » ou : « Je désirerais que cela se produise » n'a pas le même effet que dire : « Mon désir est que cela advienne. »

Par ailleurs, comme la pensée ne pense pas par elle-même, elle n'enregistre pas la forme négative. De ce fait : « Je ne veux pas tomber malade » sera traduit en : « Je désire être malade. » Insuffler une forme négative à la pensée positive doit donc être évité, car cela mène à son échec.

Les pensées sombres sont aussi à exclure au profit d'énoncés positifs, ce qui a pour conséquence, nous dit-on, la disparition du négatif et l'apparition du positif. On parvient même, paraît-il, à guérir et à réaliser des miracles !

Enfin, la répétition de la pensée positive est essentielle : en répétant cette pensée dix à quinze minutes par jour, nous obtiendrons rapidement les résultats escomptés, et d'autant plus vite si nous ajoutons à notre formulation un « immédiatement » ou un « tout de suite ».

Il est également recommandé de croire à ce qui est formulé, et de vivre l'émotion qui s'y trouve associée. Ce point est capital dans la démarche, bien que beaucoup de personnes l'oublient ou éprouvent de la difficulté à le mettre en pratique.

La pensée positive nous aide aussi à changer la vision que nous avons des événements : lorsque nous abordons ceux-ci de façon négative, nous tuons l'espoir et minimisons nos chances d'obtenir une réponse positive ; au contraire, en étant positifs, nous pouvons nous nourrir d'espoir et nous maximisons nos chances d'obtenir des résultats bénéfiques ! Imaginons que je perde mon travail du fait de restrictions budgétaires ; si je me dis que cet événement est positif parce qu'il va me permettre de trouver une activité plus intéressante, j'ai de grandes chances que cela survienne, surtout si j'ajoute que cela doit arriver au plus vite. En répétant cette idée de nombreuses fois, tout devient possible, car j'attire à moi et je crée ce que je souhaite.

Certes, la pensée est une énergie puissante qui se trouve à notre disposition ; certes, être positif est plus constructif qu'être négatif ; certes, la loi d'attraction existe et il est important de formuler ce que nous désirons ; certes, l'effet placebo est aujourd'hui reconnu ; mais tous ces éléments ne nous permettent pas de créer notre propre réalité comme les maîtres de la pensée positive essayent de nous en convaincre. De fait, répéter des phrases positives ne suffit pas pour créer. Me dire plusieurs fois par jour que je suis heureux ne me fait aucun mal à condition que je n'attende rien de précis. Le seul avantage d'un tel exercice est qu'il occupe mon mental au lieu que ce soit ce dernier qui m'entraîne vers de sombres pensées.

Cette approche s'apparente à la répétition de prières ou de mantras et aux autres pratiques de ce type : il s'agit de techniques de maîtrise du mental. Nous avons déjà vu quelles sont les limites de ce genre d'approches. Leur effet le plus néfaste est qu'elles ne laissent aucune place à l'émotion, avec tous les risques que cela implique pour l'équilibre et la santé.

William le bienheureux...

William est employé dans un service de sécurité. Il vient me consulter, car il fait un *burn-out* à la fois selon son médecin traitant et selon le médecin-conseil de la structure dans laquelle il travaille depuis dix ans. Il est en arrêt de maladie, mais il refuse de prendre les antidépresseurs qui lui sont conseillés par le psychiatre qui le suit depuis quelques mois. Il ressort de son histoire personnelle qu'il a été soumis à un harcèlement de la part de sa hiérarchie avec des vexations, des humiliations et des menaces. Il ne s'est jamais plaint, car il a besoin de garder ce travail qui lui permet de subvenir à ses besoins mais aussi à ceux d'un petit frère qui fait des études universitaires. Il a notamment été en mission dans plusieurs pays instables, afin d'assurer la protection de fonctionnaires internationaux. Durant sa dernière mission, très difficile sur tous les plans, me dit-il, les vexations de son chef direct ont atteint un sommet. William l'a d'autant plus mal supporté que les conditions de vie des agents de sécurité étaient très précaires et ne lui permettaient pas de s'isoler.

Depuis son retour, il se sent très mal, dort de façon hachée et pleure pour un oui ou un non. Il est aisé, après une heure de consultation, de constater que William souffre d'une profonde anxiété due à un harcèlement professionnel grave et d'un syndrome post-traumatique. Ce syndrome, qui survient chez des personnes victimes d'un traumatisme lié à une agression, à la guerre ou à tout autre acte de violence, se traduit par une série de signes cliniques bien connus : cauchemars, difficulté à trouver le repos, tendance à éviter les situations ou les facteurs rappelant l'événement traumatisant, ainsi qu'un grand repli sur soi. Ce sont certains des signes présentés par William.

Il me dit qu'il est un grand adepte de la pensée positive. Même si son travail lui a souvent démontré que l'être humain est violent, il croit en la beauté de ce dernier et en la puissance de l'Amour comme approche de l'autre. Lorsque je lui demande ce qu'il ressent par rapport à son chef direct, il me répond qu'il ne supporte plus d'avoir à subir constamment une atteinte à son espace privé. Il refuse cependant de reconnaître qu'il est en colère. Il est triste et pleure beaucoup depuis quelques mois, ce qui est inhabituel chez lui, me précise-t-il ; il ajoute que ses pleurs ne le soulagent pas beaucoup et ne lui procurent aucune détente. Quant à la colère, il s'agit d'une émotion négative, par conséquent à proscrire. Mieux vaut aimer son chef plutôt qu'exprimer sa colère, même pour soi et même si cela fait du bien.

William est l'exemple type d'un individu qui ne s'accorde pas le droit d'être « négatif » ; or, comme être en colère est pour lui négatif, il tente d'opposer à cette émotion du positif en répétant à longueur de journée une litanie de belles phrases censées lui apporter un mieux-être et améliorer la situation. Mais dans la vie concrète et le quotidien de William, rien ne change, et son état s'aggrave.

Que l'on me comprenne bien : mon intention n'est pas de prouver qu'être positif dans son approche de la vie est une attitude dangereuse ou à éviter, ni que la pensée positive ne conduit qu'à être malade et à souffrir. Mais il est un fait qu'une foule de gens se réclamant de cette approche très à la mode n'en ont retenu qu'une chose : ânonner des phrases positives produira du positif dans ma vie et fera que ce que je demande à l'univers m'advienne comme un présent sur un plateau. Cette attente est malheureusement une illusion, et c'est ce qui est potentiellement dangereux, comme nous venons de le voir avec l'exemple de William. De plus, qualifier les émotions comme étant positives ou négatives, ainsi que le font certains praticiens de cette approche, relève du mental qui encourage les gens à nier leurs émotions, c'est-à-dire à nier le fait qu'ils existent. Cette attitude ne relève ni de l'Amour ni du respect de soi ; elle traduit au contraire la volonté de pouvoir et de juger, sans parler de l'irresponsabilité dont font preuve ces personnes. Enfin, faire fi du fait qu'un événement est pénible, voire traumatisant, comme essaye de le faire William, revient à se mentir à soi-même et à se voiler la face. Se comporter comme si rien ne s'était passé, ou, pire, nier les faits, ne peut mener qu'au mal-être. Notre noyau fondamental n'achète d'ailleurs pas cette version tronquée des choses, et notre corps nous le signifie par la tension qu'il nous impose. Bien entendu, nous pouvons nous dire qu'en pratiquant de façon assidue et parfaite la technique de la pensée positive nous arriverons un jour à ne plus vivre que des événements agréables et merveilleux, puisque nous aurons ainsi créé notre propre réalité ; mais nous ne devons pas pour autant ignorer les émotions de colère ou de tristesse que nous éprouvons au présent. Tant que ces émotions ne sont pas reconnues, ressenties et vécues, c'est que le mental est aux commandes ; il est alors très difficile, voire impossible, de faire preuve de créativité.

La pensée créatrice

Elle est toute différente et c'est celle qui nous intéresse. C'est elle, en effet, qui nous permet de rebondir dans la vie et de créer une réalité conforme à ce que nous désirons pour notre noyau fondamental, au lieu de subir notre vie en étant l'être formaté que la société nous demande d'être.

Changer de croyance

Avant d'utiliser la pensée créatrice, il nous faut être convaincus que nous sommes des créateurs au sein de l'univers dans lequel nous évoluons, et qu'à ce titre nous sommes capables de créer notre réalité. Pour beaucoup d'entre nous, cela signifie changer de croyance. Si nous avons fait nôtre la croyance que le destin est celui qui guide notre vie et que nous ne sommes que des pantins aux mains de celui-ci, il n'y a aucune chance pour que nous créions quoi que ce soit de nouveau. Nous sommes alors les victimes de notre réalité, non les créateurs potentiels d'une nouvelle réalité conforme à nos désirs.

Le mot « croyance » est complexe, car il peut être interprété de différentes façons. La croyance peut être synonyme de foi : « Je crois en Dieu », « Je crois en la science » en sont des illustrations. Il n'existe aucune preuve tangible de l'existence du premier ni de l'intérêt véritable de la seconde, mais je place ma confiance en eux. Cette croyance est enracinée dans mon cœur, elle ne résulte pas d'un travail de réflexion mené par mon cerveau.

La croyance peut aussi être basée sur l'existence de preuves factuelles : l'effet placebo et l'effet nocebo en sont des exemples. Croire qu'une opération du genou va m'aider à guérir de mes douleurs peut ainsi soulager ces douleurs. Ce type de croyance, qui s'appuie sur la méthode scientifique plutôt que sur la simple foi, relève de mon cerveau plus que de mon cœur.

La définition que Gregg Braden donne de la croyance offre une synthèse intéressante : « La certitude provenant de l'acceptation de ce que nous pensons être vrai dans notre esprit et de ce que nous sentons être vrai dans notre cœur[13]. » Cette définition me paraît assez bien représenter ce qu'est la croyance dont je parle, à cela près que je fais une distinction entre la croyance issue du mental et celle issue du noyau fondamental. Une croyance peut en effet résulter de ce que nous pensons et sentons être vrai avec notre mental ; or, celle-ci n'a rien à voir avec la croyance qui est issue de ce que nous savons avec notre savoir inné et que notre noyau fondamental nous fait ressentir dans notre cœur. C'est bien évidemment cette dernière que nous allons utiliser afin de créer notre réalité. Dans les faits, nous pouvons très facilement différencier les deux types de croyances grâce à notre corps : si le mental est impliqué, nous sommes tendus ; si nous sommes ancrés dans notre noyau fondamental, nous sommes détendus.

La plupart des gens croient que l'expérience précède la croyance. Prenons un exemple concret : je tombe d'une échelle un jour, et je me forge la croyance qu'il est dangereux de monter sur une échelle le lendemain. Ou: je suis malade de la grippe pendant une semaine, et j'en déduis que le virus rend forcément malade. Cette façon de penser est bien entendu renforcée par le savoir acquis qui est la somme des croyances issues des expériences faites par les autres, ou inventées par eux. Lorsque plusieurs personnes ont vécu la même expérience, elles créent solidairement une croyance nouvelle qui aura beaucoup de force. Ainsi, si un certain nombre de personnes ont souffert du virus de la grippe, la croyance que cette grippe est mauvaise se répandra. Si, de plus, la « pseudo-science » entre en jeu, c'est-à-dire la science manipulée à des fins non scientifiques, qui essaye de faire croire à tout un chacun que lorsqu'un virus est dans l'environnement une majorité de personnes tombent malades, alors la croyance atteint une force extrême et la fatalité gagne du terrain dans la réalité vécue des personnes: un grand nombre de celles-ci tombent effectivement malades, victimes non pas du virus, qui n'est qu'un instrument, mais de leur croyance...

Imaginons maintenant que la vraie science soit au rendez-vous et qu'elle ne soit pas manipulée: nous sommes conscients qu'un virus existe et qu'il a un potentiel de propagation, comme tout virus; mais nous savons aussi que, lorsque nos défenses immunitaires sont bonnes, il y a très peu de risques pour que celui-ci nous atteigne. Tomber malade n'est pas du tout une fatalité. Dans la réalité, l'épidémie sera d'ailleurs réduite à sa portion congrue.

Malgré cela, nous continuons de construire notre réalité de la même façon: l'expérience précède la croyance, et la croyance qui en résulte détermine l'expérience future. Le problème que pose cette façon de procéder est qu'elle entraîne la répétition sans fin des mêmes expériences. L'ensemble des expériences qui constitue la réalité et le vécu de la personne prend alors le nom de *destin* et devient une fatalité. C'est ainsi que la vie distingue celles et ceux qui ont de la chance de celles et ceux qui ne connaissent que la malchance. Progressivement, ces derniers vont vivre dans la croyance qu'ils sont victimes de la réalité et qu'il faudrait que celle-ci change pour qu'eux-mêmes la voient différemment. Une telle attitude est synonyme de perte d'autonomie et de dépendance.

Notre expérience vécue nous conduit à nous forger un système de croyances qui devient la base de notre pensée. Comme nous l'avons vu avec les exemples de l'échelle et du virus, nous tirons des conclusions de cette expérience, et, très insidieusement, l'expérience précédant la pensée, nous nous retrouvons dans un monde où le matériel, en l'occurrence l'expérience, crée la pensée !, où le matériel crée l'immatériel. Or, nous savons tous que c'est l'opposé qui est vrai. Pourtant, nous persistons dans ces croyances issues de notre savoir acquis et de notre mental.

Le mental, avec ses croyances, est une puissance réductrice. Il fait de l'être humain une personne limitée, étriquée et obtuse, et l'emprisonne dans un monde fini et petit d'où la créativité et l'inventivité sont bannies. Dans ce monde, toute nouveauté est d'emblée condamnée : « Ça ne marchera pas », « Rien ne prouve que cette façon de faire est la bonne »... Combien de fois avons-nous entendu ces remarques dans la bouche de nos décideurs et de nos experts en tous genres ? Combien de fois avons-nous nous-mêmes fait de telles réflexions, avec la conviction d'une personne qui « sait » ? Toutes ces remarques sont issues du mental, qui est le grand maître des croyances limitatives, majoritairement issues du savoir acquis.

Changer de croyance n'est pas chose aisée. Surtout si nous nous raccrochons à nos expériences passées et ne nous accordons pas le droit d'exister par nous-mêmes. Notre corps, qui est notre meilleur ami, nous le dit : aussi longtemps que nous pensons que nous sommes les victimes de notre existence, et non les créateurs de celle-ci, nous ressentons une tension, signe que nous ne sommes pas en accord avec nous-mêmes. Cette tension nous dit que notre noyau fondamental est en opposition avec la partie de nous-mêmes voulant que nous subissions notre destin. Changer de croyance fait très souvent peur : que va-t-il se passer si je décide que je suis le maître de mon destin ? Comment m'y prendre pour y parvenir ? Et si tout ce discours était une supercherie ? Ne fais-je pas preuve d'un incroyable sentiment de supériorité en prenant cette décision ? Que vont penser mes proches si je leur dis ma façon de voir ? Toutes ces questions et remarques, que certains considèrent comme des « réflexions », ne sont en réalité que des inventions de notre mental et de nos peurs. La principale peur vient en réalité du fait que l'on s'autorise à sortir des sentiers battus et à être différent de la masse.

Faut-il forcément, afin de croire en soi, en avoir déjà fait l'expérience ? L'enfant qui vient de naître a totalement confiance en lui, car il ne connaît pas la peur. Il est immergé dans le moment présent et n'a aucune idée de ce que signifie ne pas croire en soi. Nous avons tous connu cet état, mais nous avons subi les assauts de notre mental qui nous l'a fait « oublier ». De ce fait, nous pensons n'avoir jamais expérimenté cette confiance en soi et en notre noyau fondamental. Quoi qu'il en soit, il n'y a aucunement besoin d'avoir fait cette expérience pour croire en soi. Il suffit, dans un premier temps, que nous décidions de croire en nous, puis, dans un second temps, que nous mettions en harmonie l'affirmation venant de notre cerveau avec notre savoir inné et notre noyau fondamental. Agir de la sorte est un acte d'Amour envers soi-même qui permettra à la confiance en soi de se développer. Le simple désir, ou la seule décision venant de notre intellect, ne suffit pas.

Faut-il que les autres croient en nous pour que nous croyions en nous à notre tour ? Nous avons tendance à demander aux autres de nous apporter des preuves de leur confiance, au même titre que nous leur demandons de nous aimer à notre place. Comment croire en moi alors que les autres ne me font pas confiance ? nous demandons-nous souvent. Mais une telle attitude nous projette dans le futur. Du même coup, nous perdons un peu plus confiance en nous au présent. De plus, nous avons tendance à tout faire pour que les autres nous accordent cette confiance que nous nous refusons, ce qui équivaut très souvent à nier ce que nous sommes afin de leur plaire. Est-ce se respecter et cela nous apportera-t-il ce que nous attendons ? Certainement pas. Il nous faut nous accorder ce cadeau par nous-mêmes, car nous sommes les seuls à pouvoir le faire.

Nous disposons d'un outil formidablement efficace pour faire taire le discours incessant et dévalorisant qui nous fait douter de nous-mêmes et de nos capacités : éteindre notre mental en faisant porter notre attention sur notre corps physique et sensoriel ; cela nous permettra d'écarter notre ego et de changer de croyance.

Imaginons à présent que nous nous considérions comme étant les créateurs de notre réalité et souhaitions faire des expériences allant dans ce sens.

S'ancrer dans le moment présent

Se situer dans l'ici et maintenant est impératif, car c'est aujourd'hui que nous créons, non demain ou hier. Bien entendu, la réalisation d'un projet peut prendre du temps, mais l'acte créatif ne peut exister que si nous sommes enracinés dans notre corps physique et sensoriel.

Le futur et le passé ne sont que des inventions de notre savoir acquis. Cette affirmation tire sa source de la science pure dont Einstein est un des pionniers pour avoir posé les bases de la théorie de la relativité en 1905. Selon cette théorie, le temps est relatif plutôt qu'absolu, et il ne peut être séparé de l'espace avec lequel il forme une quatrième dimension. La fameuse formule $E=mc^2$, connue de tous, a été découverte au début du XXe siècle. Nous continuons pourtant à ne pas en tenir compte dans notre vie quotidienne, enfermés dans un savoir acquis qui nous empêche d'entrer en contact avec notre savoir inné. Que nous dit cette formule ? Que la matière (m) est composée de solides, qui ont la forme de particules, et d'un champ de forces immatérielles appelées ondes. Elle est aussi composée de vide, et elle vibre constamment ! L'univers est un tout indivisible et dynamique où l'énergie et la matière sont si profondément enchevêtrées qu'il est impossible de les séparer.

La théorie de l'intrication quantique est venue compléter ce savoir. Comme nous l'avons vu précédemment[14], les scientifiques ont montré que chacune des deux particules jumelles d'un photon, quand elles sont séparées, subit automatiquement la modification effectuée sur l'autre. L'expérience a également permis de conclure qu'il y a instantanéité de la transmission de l'information, ce qui signifie que celle-ci va plus vite que la vitesse de la lumière. Cette découverte a révolutionné le monde scientifique.

Ces découvertes viennent d'être renforcées par la loi du dédoublement du temps de Jean-Pierre Garnier-Malet[15], qui permet de calculer la vitesse de la lumière et de démontrer qu'il existe des vitesses bien supérieures, dites « super lumineuses » : une particule en informe une autre, et réciproquement, à une vitesse extraordinairement rapide de 857 milliards km/sec ! Cela ne contredit en rien la théorie d'Einstein. Simplement, Jean-Pierre Garnier-Malet pense qu'il existe une énergie dite « de répulsion », antigravitationnelle, qui s'oppose à l'énergie gravitationnelle. Notre corps physique et énergétique dispose de ces deux énergies complémentaires.

Notre corps énergétique utilise l'énergie antigravitationnelle pour se déplacer hors de notre corps physique. Comme cette énergie est proportionnelle à l'énergie gravitationnelle, ce déplacement s'effectue la nuit, car pendant la nuit, le soleil étant derrière la Terre, la gravité est plus forte que le jour. L'antigravité aussi. Cette « décorporation » se fait pendant le sommeil paradoxal. Cette loi nous permet de comprendre que le passé, le futur et le présent ne font qu'un tout indivisible, et que toute création ne peut être initiée, réalisée et vécue qu'au moment présent.

Cette loi nous permet d'aller très loin dans la compréhension de la façon dont nous pouvons nous y prendre pour créer notre réalité. Nous avons en effet l'impression de percevoir le temps tout le temps, mais, en réalité, nous ne le percevons que de temps en temps. Lorsque nous regardons un film, nous ne voyons que 24 images par seconde, nous ne percevons pas la 25e qui est subliminale. Un autre exemple : quand nous observons une ampoule allumée, nous voyons une lumière continue ; or, l'éclairage électrique s'allume et s'éteint cinquante fois par seconde. Imaginons une personne qui puisse voir la lumière durant les phases où elle est éteinte : cette personne verrait tout dans le noir alors que nous voyons tout dans la lumière. Nous ne verrions pas ce qu'elle voit, puisque nous ne verrions pas la même chose en même temps. Pourtant, notre réalité serait la même. On peut donc conclure qu'il existe deux réalités: l'une qui est issue de ce que l'on voit dans la lumière, et l'autre de ce que l'on voit dans le noir.

On peut dire la même chose du temps que nous ne percevons que de temps en temps ! La réalité est que le temps se dédouble en temps perceptible et en temps imperceptible. Et il est possible d'imaginer que nous percevions différemment le temps pendant le temps imperceptible; une seconde deviendrait alors des milliards de secondes, et nous aurions le loisir de faire des choses que nous ne parvenons pas à faire pendant notre temps à nous. Nous vivrions ainsi dans deux temps, l'un perceptible, l'autre imperceptible, mais en l'ignorant. Nous ignorerions par conséquent que nous faisons des voyages dans un temps qui n'a pas le temps d'apparaître dans notre temps ! Se pourrait-il que durant les moments imperceptibles, que nous percevons comme ne durant que quelques microsecondes, nous partions des jours entiers expérimenter ce que nous désirons ? Si tel est le cas, lorsque nous revenons, nous ne savons pas que nous sommes partis; pourtant, durant ce temps d'absence, nous avons pu, grâce à l'expérience que nous en avons faite, fabriquer des possibilités futures pouvant s'actualiser dès notre retour au présent. Ces réflexions me font dire que le présent n'est que l'actualisation d'un futur que j'envisage instinctivement ou intuitivement avant de le vivre si j'en ressens le besoin ou si j'en ai l'intention et le désir; dans le cas contraire, je garde ce futur en mémoire, sans l'actualiser au présent, et il devient alors mon passé...

Se situer dans le moment présent est par conséquent une condition *sine qua non* si nous voulons être présents à nous-mêmes et recourir à la pensée créatrice. L'outil est toujours le même: éteindre le mental.

Rechercher et définir ses envies

Le noyau fondamental est le lieu de nos envies et de nos désirs profonds. L'instrument que nous allons utiliser afin de prendre contact avec lui est notre savoir inné. Notre intuition et notre créativité sont en effet au service de notre noyau fondamental.

Lorsque nous nous demandons ce que nous avons envie de vivre ou de créer, quelques pièges sont à éviter; ils nous sont tous tendus par notre mental, qui devrait être éteint, mais qui resurgit toujours très vite. Cela signifie qu'il nous faut être attentifs à nous-mêmes tout au long du processus: dès qu'une tension apparaît, nous devons immédiatement éteindre notre mental.

De nombreuses personnes, lorsqu'il leur est demandé de définir leurs envies, le font en indiquant ce dont elles n'ont pas envie. Cette approche n'est pas souhaitable. Si nous allons à la boulangerie, disons-nous au boulanger que nous ne désirons ni une baguette ni une tarte aux fruits? Non, bien entendu! Nous lui demandons ce que nous désirons, par exemple deux croissants au beurre. Si nous procédons par la négative, cela signifie que nous ne sommes pas encore réellement centrés sur nous-mêmes et qu'il nous faut de nouveau éteindre notre mental afin de nous mettre en contact, par le biais de notre savoir inné, avec notre noyau fondamental.

Lorsque je demande à une personne de définir le nouveau métier qu'elle souhaite exercer, la réponse est souvent vague et peu claire: «J'ai envie de travailler avec des gens pour les aider à aller mieux», «J'aimerais bien exercer une profession dans le domaine de l'aide aux autres». Lorsque nous éprouvons un vrai désir, le conditionnel disparaît de lui-même et nous formulons ce désir au présent; si nous utilisons le conditionnel, c'est qu'il ne s'agit pas d'un désir mais d'une velléité. La différence entre les deux est immense: un désir s'enracine dans notre noyau fondamental et a toutes les chances de devenir une réalité; une velléité, au contraire, provient de notre mental, et a très peu de chances d'aboutir. La définition vague de ce que nous désirons vivre ne peut produire que du flou dans le concret: si je dis que j'ai envie d'exercer un métier dans le social, je peux me retrouver éducateur, assistant social ou technicien de surface! Il est par conséquent important de définir le plus exactement possible ce que l'on désire. Si je souhaite travailler dans un domaine où l'on aide les autres, il m'appartient de déterminer quel est ce domaine. Si je pense faire du commerce, je me dois de préciser quel type de commerce. Quand les réponses sont multiples ou floues, c'est généralement que le mental est actif. S'il est éteint et que nous sommes en contact avec notre noyau fondamental et notre savoir inné, la réponse à ces questions viendra toute seule et sera simple et claire. Notre corps en est de nouveau le juge : si nous nous sentons détendus, c'est que nous avons trouvé notre envie profonde. Il nous faut alors suivre à tout prix la voix qui nous l'a soufflée, même si celle-ci nous semble étrange, ou si, très vite, notre mental, toujours prompt à intervenir, réagit en disant : « Mais c'est impossible », « Je n'y arriverai jamais », ou fait tout autre commentaire désabusé ou limitatif.

Utiliser notre réflexion

L'outil est alors notre cerveau et sa capacité d'élaboration de projets ou de « mise en musique » de notre envie. Il en est parfaitement capable et s'avérera très performant dans cette tâche. Le but est de rassembler des informations pertinentes. Je désire exercer la profession de journaliste : quelles sont les écoles ou universités qui permettent de recevoir cette formation ? Quel type de journalisme est-ce que je désire pratiquer ? Quel est le salaire que je souhaite gagner ? Autant de questions qui doivent trouver une réponse la plus précise possible. Imaginons que nous rencontrions une fée ou un génie, et qu'il nous faille lui dire en quelques mots et le plus simplement du monde ce que nous désirons ; ce que nous demanderons nous sera accordé, nous dit la fée ou le génie, mais rien de plus. Si nous oublions une partie de notre désir, cette partie ne se concrétisera pas ; par exemple, si nous omettons d'indiquer combien nous souhaiterions gagner pour un travail donné, il y a de bonnes chances que le salaire qui nous sera proposé ne soit pas celui que nous escomptions. Nous devons cependant faire attention à ne pas confondre la réflexion qui est mise au service de notre noyau fondamental avec l'entreprise de démolition que notre mental est toujours susceptible de mener en nous disant que notre envie est « ridicule », « absolument irréalisable », etc. Notre cerveau est à notre service afin de nous aider à construire notre désir, à lui donner de la chair et de la consistance, non le contraire. Le cerveau nous assiste au même titre qu'un ordinateur seconde son utilisateur dans la mise en application d'un programme donné. Cela dit, s'il est essentiel dans ce rôle, il n'est pas celui qui décide ni celui qui dirige.

La formulation du désir est importante et doit utiliser le temps présent : « Je désire » ou « Je veux », et non « J'espère recevoir » ou « Je vais recevoir » qui renvoient au futur. Ces dernières formules signifient en effet que nous ne sommes pas prêts, dans l'ici et maintenant, à recevoir ce que nous désirons. Révélant notre manque de confiance en nous, elles resteront sans effet. Diriez-vous à votre boulanger : « Dans un proche futur non encore fixé, je désirerai deux croissants » ? ! La même chose vaut pour nous : si nous désirons être bien, ce n'est pas demain, c'est maintenant.

Notre noyau fondamental, avec l'aide de notre savoir inné, nous a permis de prendre conscience d'une envie qui a trouvé forme et consistance grâce à notre réflexion. Il est important de souligner que tout ce processus ne se fait pas sans l'intention de se faire du bien et d'éprouver de la joie. Le but n'est en effet nullement de remplir un devoir ou de faire face à une obligation ! Il est de se faire plaisir, comme si nous étions en train de nous choisir un cadeau important : la préparation d'un voyage, une nouvelle voiture ou une maison. Bien entendu, ce que nous allons créer est beaucoup plus important qu'un achat, mais la joie et le frisson sont les mêmes. Une fois la pensée créatrice prête et la joie intérieure profonde présente, nous pouvons passer à l'étape suivante.

Adresser notre pensée créatrice à l'univers

J'ai déjà utilisé l'image de l'effet boomerang[16] afin d'illustrer comment la pensée créatrice peut être adressée à l'univers. Nous savons que, selon l'effet boomerang, l'objet lancé a pour particularité de revenir avec une grande précision à l'endroit précis d'où il a été envoyé, un temps plus tard et après avoir parcouru une distance plus ou moins longue.

Deux points sont importants à retenir : une fois l'objet lancé, le boomerang ne peut plus être contrôlé par le lanceur qui a le loisir de se concentrer sur d'autres tâches pendant que l'objet volant effectue son trajet. Cela signifie qu'après avoir été adressée à l'univers, la pensée créatrice ne peut plus être contrôlée ni modifiée : elle est en route et rien ne peut plus perturber son vol.

Gardons à l'esprit que les vitesses auxquelles tout cela se déroule dépassent de loin notre conception éculée de la transmission de l'information. Nous avons en effet vu que le parcours de l'information se fait à des vitesses bien supérieures à celle de la lumière, et que, par conséquent, tout a lieu dans le moment présent de façon quasi immédiate et instantanée. La pensée créatrice est ainsi instantanément intégrée à l'univers puisque celui-ci est partout et que nous en faisons partie. Plus encore : l'univers connaît l'existence de cette pensée avant même que nous fassions l'exercice puisque notre noyau fondamental, qui est à la base de cette pensée, est en contact direct avec lui dont il constitue une partie. Il nous faut néanmoins nous prêter à ce « lancement » afin de nous démontrer à nous-mêmes – et nous convaincre, peut-être ?! – que nous désirons l'aboutissement de notre pensée créatrice.

Souvenons-nous que nous ne devons pas attendre, d'une part, parce que l'attente génère l'attente, d'autre part, parce que tout se concrétise au présent. Nous devons plutôt lâcher prise et nous concentrer sur le présent. Nous n'avons même pas besoin de faire comme si notre envie était déjà concrétisée, car, dès son adresse à l'univers, elle « est » ! Sa matérialisation peut être lente, mais elle a commencé, soyons-en certains.

Accueillir notre nouvelle réalité dans la joie

Nous venons de voir que, dès que la pensée créatrice a été adressée à l'univers, elle devient réalité. Notre réalité change donc dès ce moment pour correspondre à ce que nous avions défini après réflexion. L'enthousiasme et la joie, qui sont les ingrédients indispensables de cette création, sont nos compagnons; sans eux, aucune création ne peut exister. Tant que la matérialisation de cette réalité n'est pas faite, nous pouvons douter, car notre mental n'a malheureusement pas disparu de la scène. Il peut prendre la forme de l'attente ou de pensées dévalorisantes, nous suggérer que, finalement, tout cela n'a pas de sens et nous replonger dans ce que nous connaissons bien: le pessimisme, le manque de confiance en soi. Il faut alors continuer à l'éteindre et retrouver le contact avec le moment présent.

Si l'on a commandé et acheté un bel objet pour décorer sa maison, on se réjouit à l'idée de l'installer, on prépare l'endroit où on a l'intention de le mettre; s'il y a lieu, on l'imagine. Cette préparation se fait dans la joie, la détente, non dans la tension et le doute; elle diffère de ce qui se passerait si l'on savait qu'un objet quelconque devait arriver sans que l'on en connaisse ni la forme ni l'usage. Là, on sait ce qui va prendre forme sous peu et on en éprouve de l'excitation.

L'accueil est quelque chose qui se fait les bras ouverts, non les bras croisés sur la poitrine. L'accueil est une ouverture, non une fermeture. Être dans l'ouverture mène à l'échange avec soi-même et avec les autres, et est à la base de l'Amour. L'Amour est présent tout au long du processus de la pensée créatrice. C'est lui qui va nous inciter à changer notre réalité afin que celle-ci soit plus adaptée à ce que nous désirons et à ce dont nous avons envie. Le simple fait de se permettre de vivre dans le moment présent est aussi une démarche d'Amour. Reprendre contact avec notre noyau fondamental et notre savoir inné est bien entendu aussi une démarche d'Amour envers nous-mêmes; et le résultat immédiat que nous obtenons en retour ne peut être que de l'Amour. Ce dernier est par conséquent au point de départ et au point d'arrivée de tout le processus; il est également présent tout au long du processus.

Accueillir comme il se doit notre nouvelle réalité est aussi un acte d'Amour qu'il est naturel de vivre. Nous devons nous réjouir de nous être fait le plus beau cadeau de notre existence: le droit de créer et de vivre ce que nous désirons, un cadeau que nous sommes les seuls à pouvoir nous accorder.

Chapitre 6

L'aptitude à rebondir dans la vie

Face à une situation difficile, nous avons la capacité de rebondir, ce qui signifie que non seulement nous pouvons résoudre la problématique à laquelle nous sommes confrontés, mais aussi que nous avons la force nécessaire pour atteindre un niveau bien supérieur à celui auquel nous nous situions auparavant.

Les personnes faisant face à une telle situation rêvent souvent de retourner à leur vie d'avant. Mais cela signifierait retourner à la source de la difficulté, ce que personne ne désire ! Il nous faut au contraire rechercher un nouvel équilibre de vie pour ne plus nous exposer de façon répétitive à la même problématique ; trouver une autre façon de vivre, de faire et d'être afin de nous sentir mieux non pas de façon transitoire, mais définitive. Pour ce faire, nous avons en nous toutes les aptitudes nécessaires.

Quelques exemples

François, le chef d'entreprise

François est âgé de 45 ans. Il est marié, sans enfant, et dirige une entreprise depuis quinze ans. Il a créé cette entreprise de services qui a grandi vite et a atteint une taille importante. Il est parti de rien et n'a pas fait d'études supérieures. Tout a très bien marché dans sa vie qui lui a apporté, selon ses propres propos, « tout ce que l'on peut désirer » : réussite, argent, succès féminins. Depuis deux ans, pourtant, François connaît une descente aux enfers : sa femme l'a quitté il y a six mois, car il ne lui consacrait pas assez de temps ; son entreprise commence à battre de l'aile parce qu'il s'est entouré de trop de personnes qui ne font pas grand-chose si ce n'est gérer la situation sans grande motivation malgré de gros salaires. François est très inquiet, car il n'est pas loin de déposer le bilan.

Depuis quelque temps, il ne se sent pas bien dans sa peau. Il est nerveux et irritable. Il va tout de même beaucoup mieux depuis qu'il a été mis sous antidépresseur, un an plus tôt. Comme il a de la difficulté à s'endormir et se réveille souvent pendant la nuit, il prend à l'occasion un « léger » somnifère. Il n'a plus envie de sortir avec des amis le soir, surtout depuis que sa femme l'a quitté. Bref, on lui a dit qu'il souffrait certainement d'une dépression, ce qui explique ses différents symptômes. Il est suivi par un psychiatre depuis un an et demi.

En parlant avec lui, je suis frappé par le détachement avec lequel il me parle de lui-même alors qu'il énumère une série d'événements qui ne sont pas très réjouissants : une faillite imminente, un divorce en vue. Mais sachant qu'il est sous antidépresseur, je mets son pseudo-détachement sur le compte du médicament ingéré à fortes doses. J'en ai la certitude lorsque je l'invite à me dire ce qu'il ressent devant tout cela et qu'il me répond : « Je trouve ça dommage, car jusque-là j'avais une belle vie ! » Lui demandant pourquoi il vient me consulter alors qu'il est pris en charge par un psychiatre et est aidé par des médicaments, et que tout semble aller assez bien, il me dit que deux de ses amis proches lui ont conseillé de le faire, car ils se font du souci pour lui !

Je l'invite alors à me donner une liste de ses qualités. L'exercice s'avère très difficile, car, hormis le fait qu'il est généreux avec ses amis et ses proches, « trop parfois ! », estime-t-il, François ne s'en trouve aucune autre. Pourquoi lui demander cela, me direz-vous ? Principalement, parce que la plupart d'entre nous avons des difficultés à trouver des qualificatifs qui nous définissent en propre et non par rapport aux autres. Cet exercice a donc le mérite de fournir à la personne qui le fait une bonne idée de la connaissance qu'elle a d'elle-même.

François m'explique qu'il a compris que ce qui survient dans sa vie depuis quelque temps lui signifie quelque chose, mais il ne voit pas quoi. Il admet, après démonstration, que son corps éprouve de nombreuses tensions, même si celles-ci sont maintenant masquées par les drogues chimiques. Surtout, il ne voit pas comment s'en sortir. Dans sa réalité quotidienne, tout empire en effet. Cela signifie plus de peurs, de culpabilité et de mal-être au lieu du contraire. François ne comprend pas plus comment reprendre pied dans le moment présent l'aidera à se sortir de ses difficultés. Il pense au contraire que cela le « minera » davantage ! Ne vaut-il pas mieux se relever et aller de l'avant ? me demande-t-il. Je lui réponds que je suis d'accord avec lui, mais encore faut-il savoir où et comment, car, dans le cas contraire, il y a fort à parier que les mêmes scénarios se répéteront, quelles que soient la profession et l'épouse choisies. S'ensuit un grand silence, bientôt interrompu par François me disant qu'il est d'accord avec ma vision des choses, car, dans sa vie professionnelle, voilà deux fois qu'il se hisse très haut et vite, mais qu'il redescend aussi vite en « se faisant avoir » par les autres qui l'exploitent. À l'âge de 20 ans, François avait en effet créé un centre de *fitness* qui avait très bien marché dès le départ. Ce succès avait ensuite nécessité l'engagement de beaucoup de personnel qu'il payait bien. Ces dépenses importantes venant se greffer sur un train de vie élevé avaient par la suite entraîné la mise en liquidation de sa société, heureusement sans répercussion sur sa solvabilité. Quelles sont les ressemblances entre les deux situations ? Au début, le succès rapide d'une petite structure dont il est le patron et l'unique employé, et surtout dans laquelle il fonctionne en faisant confiance à son intuition et à son *feeling*. Puis, au fur et à mesure que l'entreprise grossit, l'engagement de nouveau personnel, des dépenses « afin de bien vivre et s'amuser » et, au bout d'un certain temps, la descente. Pourquoi ? Les cadres et les consultants coûtent cher, me répond François, la taille de l'entreprise devient trop importante. À aucun moment il ne se remet en cause. Plutôt que d'insister, je lui demande alors ce qu'il ressent par rapport à ce qui lui arrive : « La peur de faire faillite avec toutes les conséquences que cela va avoir sur ma vie. Sans compter que pas mal de gens de mon entourage vont se moquer de moi derrière mon dos... » Je lui demande en quoi les autres sont importants dans la situation actuelle. François me répond qu'étant issu d'un milieu social inférieur, démontrer aux autres qu'il est bon dans son travail et peut réussir a toujours beaucoup compté pour lui.

Nous savons que la peur est une création du mental et n'est par conséquent pas une émotion à proprement parler. Le commentaire de François par rapport à son désir de succès relève également de son mental qui est l'instance intérieure qui nous compare aux autres et crée la sous-estime et la surestime. Nous sommes donc face à un être humain qui est totalement dans son mental et qui en souffre – son corps le montre par les symptômes qu'il présente même si ces derniers sont en partie masqués par les drogues. François dit des choses capitales, mais il ne s'entend pas parler ; il ne peut bénéficier des réponses qu'il me fait parce qu'il est dans sa tête, envahi par le brouhaha incessant de son mental. De plus, rendu euphorique de façon totalement superficielle par son antidépresseur – qui lui fait dire que ce qu'il est en train de traverser n'est pas si grave ! –, il a de la difficulté à entrer en contact avec ce qu'il ressent vraiment.

Il faudrait, dans un premier temps, que François éteigne son mental afin de reprendre pied dans le présent. Il pourrait ainsi commencer à ressentir certaines choses et se mettre à l'écoute de ce qu'il dit. Que ressent-il à l'idée qu'il est au bord de la faillite ? qu'il s'est fait exploiter par certains de ses collaborateurs et experts ?

que des personnes rient sous cape derrière son dos ? Qu'éprouve-t-il quand il pense au départ de sa femme ? Étant parvenu à éteindre son mental, il reconnaît qu'il est triste et « fortement déçu et dégoûté » par ce qui se passe dans sa vie et par les gens qu'il côtoie. Après lui avoir demandé quelle émotion se cache derrière sa déception et son dégoût, il admet qu'il est « très énervé ». François fait partie des personnes qui, ayant eu un père colérique, ont énormément de difficulté à accepter le mot « colère » et à reconnaître leur propre colère ; il préfère ainsi dire qu'il est « très énervé ». Les mots ne sont pas importants, mais reconnaître qu'il a des émotions l'est. Qu'a-t-il fait de sa tristesse ? Qu'a-t-il fait de sa fâcherie ? Rien, bien évidemment ; autrement, il ne serait pas là, en face d'un médecin, et en train de souffrir.

Nous avons vu que le simple fait de reconnaître ses émotions est un pas en avant vers le mieux-être. Pourtant, François ne se sent pas encore mieux. Il va à présent falloir qu'il s'autorise à les exprimer. Pour y parvenir, il doit continuer à éteindre son mental, toujours très prompt à revenir au devant de la scène. C'est ce qu'il fait petit à petit. Tandis qu'il exprime des émotions liées à des événements de sa vie professionnelle, il se rend compte que les scènes récentes font souvent écho à des scènes antérieures semblables. Ce fait est courant et permet de « nettoyer » les émotions du passé qui n'ont pas été vécues. C'est pour cette raison qu'il est préférable de partir d'événements récents plutôt qu'anciens : cela permet d'aller beaucoup plus vite et en profondeur, sans qu'il soit besoin d'analyse aucune, afin de se libérer de tout ce qui a été enseveli en soi depuis des années.

Parallèlement à ce travail d'expression, François commence à comprendre sa façon de fonctionner : il a presque tout fait dans sa vie en fonction des autres. Il réalise que, sur le plan professionnel, sa motivation a été la réussite ; il voulait en « mettre plein la figure aux autres, pour leur montrer que le petit François qui vient de sa campagne est capable d'arriver ». La réussite sociale a été un moteur dans ce sens : beaucoup d'argent, des achats dispendieux (belles voitures, maison somptueuse), une femme superbe qu'il aimait, certes, mais qui était aussi, d'une certaine manière, « un bel objet de collection ».

Bref, François se rend compte qu'il a mené sa vie en fonction des autres et non en fonction de lui-même. Il n'est pas facile de faire ce constat, mais il s'en sent allégé, car, tout en conduisant cette série de réflexions, il exprime sa colère et sa tristesse.

Pouvoir en même temps s'exprimer et réfléchir est l'un des grands avantages de l'approche OGE. Son mental éteint, François a très facilement accès à ses émotions ainsi qu'à son intelligence et à sa capacité de réflexion. C'est aussi ce qui différencie cette méthode de l'approche analytique : François n'analyse pas, ne juge pas, ne se culpabilise pas ; il se situe dans le moment présent et vit ce qui s'offre à lui.

Le temps passé à conduire cette thérapie est-il important ? Oui, car François doit s'accorder du temps pour exprimer ce qu'il ressent, surtout sa colère, car, seul, il n'y arrive pas ; non, car il lui faut éteindre son mental au fil de la journée afin de rester dans le moment présent. Les résultats ne se font pas attendre : il se concentre plus facilement, sa mémoire s'améliore, il s'endort le soir sans « petit vélo » dans la tête pour l'en empêcher. Il regagne aussi le temps qu'il a perdu jusque-là parce qu'il avait peur d'aller de l'avant, hésitait à prendre une décision et était freiné par sa fatigue. Il peut de plus réduire sa consommation de somnifère, ce qui est un pas en avant vers un retour à l'autonomie. Mais le plus important, dans toute cette démarche, c'est qu'il commence à reprendre confiance en lui ; non seulement parce qu'il se situe beaucoup plus au présent, mais aussi parce que, en s'accordant le droit de s'exprimer, il se fait à lui-même un immense cadeau : il s'offre du respect et de l'Amour.

Progressivement, François se sent mieux. Il se montre aussi beaucoup plus entreprenant face à ses difficultés tant financières que juridiques. Il prend la décision de se battre pour sauver son entreprise et agit : il licencie du personnel, il parvient à renégocier certaines dettes avec l'État et d'autres débiteurs. Il se sent bien dans cette action, car il a l'impression d'être « utile et efficace ». Il continue d'exprimer ses émotions. Pourtant, tous les progrès escomptés n'étant pas au rendez-vous, il s'impatiente et trouve cela « injuste ».

Il décide alors de prendre part à un stage OGE. Durant trois jours, il s'efforce d'éteindre son mental, de reconnaître, de ressentir et d'exprimer ses émotions, de reprendre contact avec son savoir inné et son noyau fondamental. La méthode OGE, qui se veut pratique plutôt que théorique, n'est pas une thérapie de groupe ; elle offre simplement à chaque participant de vivre ses émotions sans avoir besoin de dire aux autres à quoi celles-ci se rattachent ; le but étant de retrouver son autonomie dans la vie. Le stage impressionne beaucoup François, car il l'aide à retrouver la personne qu'il est réellement. Comme il se déroule en pleine nature, il rapproche par ailleurs François de ce qu'il aime tant, mais qu'il avait mis de côté afin de briller en société : son enfance passée dans la ferme de ses parents.

Comme il revient de ce stage, je lui demande ce qu'il désire faire de sa vie. Il me regarde, totalement surpris par la question, et me répond que cela est évident : « J'essaye d'échapper à la faillite et je remonte ma boîte ! » Je vais un peu plus loin : pourquoi fait-il cela et pour qui ? À quoi cela lui sert-il et quels sont ses buts dans la vie ? François s'énerve alors en me disant qu'il est facile de « bombarder des questions » quand on est assis sur sa chaise avec une blouse blanche et qu'aucune faillite ne menace. Mes questions sont déplacées, ajoute-t-il, avant de finir par me dire qu'il doit redresser la barre afin de se préserver d'une fin désagréable et humiliante. Je lui fais simplement remarquer que, bien qu'il soit très actif, au vu des informations qu'il me donne, il ne semble pas qu'il puisse sauver son affaire. Il en convient et avoue ne pas comprendre pourquoi, puisqu'il y met toute son énergie. Pour qui fait-il cela ? Le fait-il pour lui ou pour sauver la face et ne pas donner raison à ses ennemis ? Se bat-il pour lui-même ou contre la faillite, contre le qu'en-dira-t-on ou pour impressionner les autres ? Au bout d'un certain temps, François réalise qu'il continue d'agir en fonction des autres et non de lui, qu'il ne désire pas s'en sortir pour lui, mais pour impressionner les autres et sa femme qui l'a quitté, et pour toutes sortes d'autres raisons qui n'ont rien à voir avec lui-même. Il mesure à quel point il est dans le déni de lui-même et de ses aspirations au profit d'une image que son mental lui demande de donner. Il a beaucoup de difficulté à accepter cela, même si intellectuellement il se rend compte qu'il ne peut plus échapper à ce « diagnostic » ; il se pose surtout la question de savoir quelle autre attitude il pourrait adopter, quelle nouvelle orientation il devrait insuffler à sa vie. Parvenir à ce stade est important à la condition que François y arrive de lui-même et par lui-même, même s'il y est encouragé par les paroles ou les questions d'une autre personne. Progressivement, François en vient à se poser la vraie question : quelle nouvelle réalité est-ce que je désire substituer à l'ancienne ? Quelle vie est-ce que je désire vivre ?

Cette démarche ne doit pas être menée dans la culpabilité ni être jugée ; cela indiquerait la présence du mental. Elle se fait parfois dans la colère ou la tristesse, parfois aussi avec joie, ou les trois émotions combinées. On peut en effet être à la fois joyeux d'avoir trouvé une solution, en colère d'avoir dû souffrir pour y arriver, et triste de ce que l'on s'est imposé pendant des années. N'oublions pas que le monde émotionnel est le monde de l'irrationnel... et le vrai monde dans lequel nous vivons. François étant parvenu à cette conclusion, il va maintenant passer au prochain stade qui consiste à choisir la réalité qu'il désire vivre ou expérimenter.

Une seule voie s'offre à lui, comme nous l'avons vu dans le chapitre précédent : s'enraciner dans son noyau fondamental, avec pour outil principal son savoir inné, et pour émotion essentielle, la joie profonde qui accompagne toute démarche de création. Comment François peut-il procéder pour découvrir ce qu'il désire ?

Il doit avant tout porter attention à son corps physique et sensoriel afin de se situer dans le moment présent, car c'est uniquement dans ce temps qu'il pourra prendre contact avec ses envies et ses désirs. Pour ce faire, il lui faut commencer par éteindre son mental. La réponse ne doit pas être recherchée dans sa tête ni dans son cerveau, mais dans son être profond, « ses tripes », comme on l'entend dire. Elle surgira de façon spontanée pour autant que François reste centré sur lui-même. Ce faisant, François réalise bientôt ce qu'il désire vraiment : continuer le même travail, mais de façon différente. Il précise qu'il souhaite surtout que son travail l'aide « à être libre de bien vivre pour lui-même ». François tient sa réponse, et il ne ressent plus aucune tension: «Je suis juste bien avec cette envie», dit-il. Il sait que cette pensée créatrice est la sienne, et il en est heureux. Il se sent également très confiant.

Il lui faut cependant encore y réfléchir pour mieux la définir avant de la transformer en projet de vie, faire en sorte qu'elle prenne forme dans le quotidien. Il travaille alors avec une personne qu'il a choisie récemment pour l'aider à sauver son entreprise. Il souhaite réduire la taille de celle-ci et la réorganiser sur le plan structurel de façon à pouvoir travailler avec la plus grande liberté possible à l'avenir. Assez rapidement, le projet se voit circonscrit et doté d'un plan financier ambitieux mais réaliste. François est détendu et heureux lorsqu'il en parle. Quand il est inquiet et se demande si tout va bien marcher, il s'efforce d'éteindre son mental et retrouve immédiatement son enthousiasme et sa joie profonde. Soulignons aussi qu'il a progressivement cessé de prendre son antidépresseur et qu'il me dit retrouver du même coup certaines vraies sensations qui étaient jusque-là occultées ou distordues par le médicament.

Il ne reste plus à François qu'à «lancer son boomerang», soit à adresser son projet à l'univers, avec la certitude qu'il existe déjà et se matérialisera lorsque le bon moment sera venu. D'ici là, il lui faut se concentrer sur le moment présent et ne pas se mettre à attendre, car cela freinerait la matérialisation de sa pensée créatrice. François procède, mû par un grand élan de confiance.

Il mettra deux ans à réaliser pleinement son projet. Il dirige aujourd'hui une entreprise florissante et lucrative, dans laquelle il n'emploie que trois personnes, il s'est remarié et a un enfant. Il est heureux non seulement parce qu'il a réussi à rebondir dans sa vie sur tous les plans, mais encore parce que, tout en restant en contact avec ses émotions et son noyau fondamental, il continue à s'accorder de l'Amour.

Judith, la femme maltraitée

Judith a 54 ans, elle est divorcée depuis deux ans et travaille en tant que gestionnaire dans une banque depuis vingt-deux ans.

Elle vient me consulter parce qu'elle souffre d'un cancer du sein droit qui a été opéré six mois plus tôt. L'ablation de la tumeur a été suivie d'une chimiothérapie et d'une radiothérapie. Elle vient de terminer ce traitement lourd mais n'est pas du tout convaincue d'être guérie, même si elle estime avoir « fait du chemin en ce sens » en comprenant pourquoi elle est tombée malade.

La lecture de certains livres l'ayant amenée à penser qu'elle devait changer de vie, elle est venue me voir pour être accompagnée dans ce sens. Judith m'explique que son cancer a été diagnostiqué un an et demi après son divorce qui a été difficile et pénible, car son ex-mari a tout fait pour qu'elle ait la pension la plus faible possible alors qu'ils étaient mariés depuis vingt-cinq ans. Ils ont deux enfants, de 24 et 23 ans, qui font des études universitaires et qui vivent de façon indépendante. Elle a demandé la séparation, car elle ne supportait plus « la maltraitance » de son mari. La procédure de divorce s'est accompagnée d'une grande violence verbale de la part de ce dernier qui n'acceptait pas son désir de reprendre sa liberté, cela, bien qu'il ait une maîtresse attitrée depuis cinq ans. Je lui demande ce qu'elle appelle « maltraitance ». Judith me répond qu'elle s'est toujours soumise à ce que désirait son mari, plus âgé qu'elle de dix ans, car il l'avait vraiment aidée au sortir de son premier divorce. Il était alors son avocat. Elle estime donc lui devoir beaucoup. Il lui a ensuite donné des enfants et apporté une stabilité affective qu'elle n'avait jamais connue dans sa vie antérieure. Elle venait en effet d'une famille dans laquelle père et mère s'entredéchiraient. Elle-même, afin de fuir ce milieu familial, s'était mariée très jeune et retrouvée avec un homme qui la battait sous l'effet de l'alcool. Son mari lui a par conséquent apporté la tranquillité à laquelle elle aspirait tant. C'est pour préserver cette situation que Judith a fait des concessions et a accepté pas mal de choses. Elle le regrette maintenant, réalisant qu'en réalité son mari abusait de sa position de « sauveur » et ne la respectait pas. Elle avait notamment accepté qu'il ait une maîtresse, une ancienne *call girl* dont il était l'avocat... Le révélateur, dans tout cela, a été sa propre rencontre avec un homme « qui la nourrit beaucoup » et qui l'a aidée à se sortir des griffes de son ex-mari.

Judith m'explique que, dans sa nouvelle relation, il lui arrive de retrouver des attitudes qui lui font penser à ce qu'elle vivait avec son ex-mari : une tendance à se faire passer au second plan afin de ne pas contrarier son compagnon, mais « ce dernier est beaucoup plus respectueux d'elle » et elle lui doit beaucoup aussi, insiste-t-elle. Elle a conscience que certains schémas se répètent dans sa vie, notamment celui qui consiste à accorder la priorité à l'homme dont elle est amoureuse. Au fil des questions que je lui pose, elle découvre qu'à chaque fois l'homme qu'elle aime l'a délivrée de ceux qui la maltraitaient : ses parents, son premier mari puis le deuxième. Je lui demande ce qu'elle ressent par rapport à cela : « De la tristesse », me répond-elle. Qu'en a-t-elle fait ? « J'ai beaucoup pleuré et cela m'arrive encore assez souvent, même si je me retiens devant les autres afin de ne pas les déranger. » Est-ce que pleurer lui fait du bien, la soulage, la détend ? « Oui, mais pas toujours, et même parfois, cela me rend encore plus tendue. » Cette réponse est généralement celle des personnes qui se refusent le droit d'être en colère pour de multiples raisons. C'est le cas de Judith qui, ayant été élevée par des parents faisant des crises de rage à répétition, ne peut même pas envisager de se mettre en colère. Il faut beaucoup de temps et de persévérance à Judith pour reconnaître et accepter qu'elle éprouve de la colère envers ses parents et ses anciens maris. Une personne qui a subi des violences a en effet souvent énormément de difficulté à accepter sa propre colère, car celle-ci la renvoie à sa souffrance : avoir été victime des crises des autres et n'avoir pas pu exprimer ce qu'elle ressentait alors, car cela l'aurait exposée davantage. Judith non seulement parvient à reconnaître qu'elle est profondément en colère contre son deuxième mari, mais elle le ressent et s'autorise peu à peu à l'exprimer pour elle-même quand elle se retrouve seule : elle tape sur des coussins à la maison, crie dans sa voiture... Elle réalise même qu'elle est « bourrée » de colère, ce qui l'inquiète un moment, mais, songeant à tout ce qu'elle a enfoui en elle depuis son enfance, elle dit ne pas s'en étonner davantage. Au fur et à mesure de cet important travail de libération, Judith prend conscience du scénario répétitif qu'elle a vécu avec les trois hommes importants de sa vie. Bientôt, elle s'interroge sur la façon de mettre un terme à ce genre de relations.

Je lui demande ce qu'elle a envie de vivre, quel nouveau type de relation elle souhaite établir avec l'homme qu'elle a rencontré. Elle me répond qu'elle aimerait connaître un homme qui la respecterait telle qu'elle est, la laisserait libre de vivre ce qu'elle désire, et même l'encouragerait à aller de l'avant dans ses passions et ses domaines d'intérêt... Lorsqu'une personne pense au lieu d'être, elle emploie généralement le conditionnel, signe qu'elle évolue dans un temps indéfini, et plutôt dans des velléités que dans le désir profond. Je fais remarquer à Judith que ce qu'elle énonce est relativement vague et n'est pas ancré dans le présent. Elle s'efforce alors d'éteindre son mental afin de reprendre contact avec son savoir inné et de laisser venir à elle sa voix intérieure. En faisant cet exercice, Judith se rend compte que quelque chose bloque encore en elle. Surgit alors une immense colère par rapport à une tentative de viol dont elle a été victime, de la part d'un oncle paternel, quand elle avait quatorze ans. À ce moment-là de son cheminement, elle décide de participer à un stage OGE. Durant ce stage, elle parvient à libérer sa personne de cet événement douloureux, ce qui la soulage d'autant plus qu'elle n'a pas eu besoin d'évoquer l'événement en question.

Se sentant mieux, elle parvient à définir son envie : avoir une relation avec un homme sans jeux de pouvoir et sans vivre avec lui. Elle se rend alors compte que sa relation actuelle ne va pas du tout dans ce sens, et prend la décision d'y mettre fin. Il lui faut évidemment en faire le deuil, mais elle y parvient d'autant plus aisément que, parallèlement, elle adresse sa pensée créatrice à l'univers avec beaucoup de force et de certitude. Quatre mois plus tard, elle rencontre un homme qui correspond exactement à ce qu'elle désire. Elle vit actuellement cette relation de la façon la plus harmonieuse possible ; les vieux démons ressurgissent par moments, mais elle les reconnaît et parvient à se recentrer sur elle-même. Elle est encore étonnée d'avoir pu changer aussi facilement son schéma de relation, et réalise qu'il lui a fallu s'accorder beaucoup d'Amour afin d'y parvenir. Elle est aussi certaine que son cancer ne récidivera pas vu que ses causes profondes ont disparu.

Elle comprend surtout que c'est parce qu'elle s'est aimée elle-même qu'elle peut maintenant réellement aimer l'autre, ce qui n'avait jamais été le cas jusqu'à présent.

Claire, l'abandonnique

Claire a 32 ans, elle est célibataire et exerce la profession de secrétaire. Elle a perdu son père à l'âge de 12 ans, d'un cancer. Mais ce dernier avait quitté le domicile conjugal quand elle avait six ans. Elle le voyait donc très peu, et sait qu'elle souffre d'une blessure d'abandon. Au travail et dans sa vie quotidienne, elle va relativement bien; ses difficultés relèvent de sa vie affective: elle ne parvient pas à se fixer dans une relation durable. Elle souhaite en connaître une un jour, mais dit en même temps qu'elle n'est pas certaine que ce soit réellement ce qu'elle désire. Elle se rend compte que ses désirs sont parfaitement contradictoires, mais, dit-elle: «Je ne peux rien y faire.» Lorsqu'elle se retrouve seule, elle souffre de crises de boulimie. Bien qu'elle ait conscience que tout cela est lié, elle ne voit pas comment sortir de ce cercle vicieux.

Claire sait beaucoup de choses sur son état, mais, comme beaucoup d'entre nous, elle en reste au stade théorique, ce qui est totalement insuffisant. Avec la multiplication des livres et des thérapeutes qui traitent du sujet excessivement large du développement personnel, il est assez aisé de parvenir à une compréhension de sa problématique. À cela près que *comprendre n'est pas synonyme de guérison*; le croire est une illusion. La déception succède alors à l'enthousiasme, et la personne s'oriente vers une autre approche en espérant qu'elle sera la bonne. Mais tôt ou tard, elle se retrouve, comme Claire, avec une compréhension intellectuelle de ce qui ne va pas qui ne l'empêche nullement de tourner en rond. C'est ce qui a conduit Claire à rechercher une façon pratique d'aborder son problème.

Peut-être faut-il passer par ce stade pour avancer. Il me paraît pourtant bon et utile de souligner qu'il n'y a pas besoin de tout comprendre pour aller de l'avant. Tel est le contenu de l'échange que nous avons lors de notre première rencontre, Claire m'ayant dit qu'elle se trouvait plutôt mauvaise de ne pas avoir su se débrouiller seule vu les connaissances qu'elle a acquises.

Comme elle me parle de sa blessure d'abandon, je lui demande ce qu'elle en a fait. Elle me répond que cette blessure remonte au départ de son père, mais que, pour des raisons qu'elle ignore, elle a beaucoup de difficulté à en vouloir à ce dernier ; en réalité, elle en veut surtout à sa mère, qu'elle adore, de s'être laissée bafouer par son mari sans réagir. Que ressent-elle par rapport à sa mère : « Beaucoup de tristesse et de colère », me répond-elle. Qu'en a-t-elle fait ? « J'ai pleuré de temps en temps. Quant à ma colère, je n'en ai pas fait grand-chose, car je sais que cela a été très difficile pour ma mère de se retrouver seule avec deux enfants à charge. De plus, elle nous a apporté, à ma sœur aînée et à moi, beaucoup d'attention et la meilleure des éducations, malgré les difficultés dans lesquelles elle vivait. Et je trouve que je serais une ingrate de lui en vouloir, vu que c'est mon père le responsable de l'abandon. » En disant cela, est-elle tendue ou détendue ? Tendue !

Stimulée par certaines questions, Claire se rend compte que son mental est aux commandes : c'est en lisant un de mes livres[17], dans lequel elle s'est reconnue en tant que personne souffrant d'abandonnite, qu'elle a conclu que son père était « le » responsable, et que c'était à lui qu'elle devait en vouloir. Elle se rend alors compte de l'aberration du discours tenu par son mental, et se permet de reconnaître et d'exprimer la colère qu'elle éprouve par rapport à sa mère. Ce faisant, elle en comprend le pourquoi : elle lui en veut de ne pas avoir tout fait pour retenir son père, et d'avoir toujours protégé ce dernier de la colère de ses filles. Exprimer une émotion sans forcément en connaître les raisons débouche souvent sur la compréhension profonde, et non purement intellectuelle, de cette émotion.

À compter de ce moment-là, Claire commence à se sentir mieux avec sa mère, et ses crises de boulimie s'atténuent. Elle constate, par la même occasion, que sa mère est « coincée » dans son attitude avec le sexe opposé : elle ne s'est jamais remariée et ne le désire pas. Claire ne lui connaît aucune vie amoureuse ou affective. Sa mère parle avec une grande froideur de sa relation avec son mari et n'a pas encouragé ses filles à aller de l'avant dans leur propre vie sentimentale, sans pour autant les dissuader d'aimer. En discutant avec sa mère, Claire se rend compte que celle-ci est encore très blessée par ce qui s'est passé avec son ancien mari, et qu'elle n'a pas fait le deuil de leur relation. Claire perçoit également une grande colère chez sa mère, même si celle-ci refuse de la reconnaître. Elle comprend aussi la raison pour laquelle elle est elle-même excessivement méfiante vis-à-vis des hommes: à court ou plus long terme, pense-t-elle, ceux-ci ne peuvent que la blesser ou lui nuire; autrement dit, ils ne peuvent que corroborer ce qu'elle a vécu avec son père, et que sa mère, inconsciemment, lui a transmis par des non-dits. M'expliquant cela, Claire se situe de nouveau dans la compréhension et n'exprime rien par rapport aux «vérités» qu'elle énonce.

Elle me dit alors qu'elle a rencontré un homme dernièrement, qui lui plaît, mais qui, vivant à l'étranger, ne peut être celui avec qui elle pourrait entretenir une relation durable et stable: «J'ai besoin de connaître une personne que je puisse voir souvent et quand je le désire, non de quelqu'un qui se trouve à deux heures de vol et qui n'est pas forcément disponible. Certes, je suis très attirée par lui, et l'attirance est réciproque, mais notre relation est simplement non jouable!» Claire ajoute qu'elle a même annoncé à cet homme ce qui allait se passer entre eux, car voilà trois fois que le même scénario se répète dans sa vie: il tombera amoureux de la femme qu'il rencontrera juste après elle.

La relation se poursuit néanmoins avec des retrouvailles dans les villes respectives de chacun, jusqu'au jour où Claire arrive effondrée: son ami la quitte, car il est tombé amoureux d'une nouvelle femme qu'il a rencontrée récemment. Et Claire d'en conclure qu'elle le savait depuis le début, mais que cela est chaque fois plus difficile à vivre. Elle aimerait bien sortir de ces répétitions...

Que ressent Claire par rapport à ce qui lui arrive? De la tristesse et de la colère. Qu'en fait-elle? Pas grand-chose. Du même coup, les crises de boulimie repartent de plus belle. Que lui dit son corps? Qu'elle ne s'écoute pas et ne se respecte pas, car elle ne se donne pas l'autorisation de vivre ce qu'elle ressent, ce qui revient à dire que son mental commande sa vie. Elle reconnaît cela et parvient à exprimer sa tristesse, même si elle résiste au début en se disant que, de toute façon, cette fin de relation l'arrange : elle n'était pas vraiment amoureuse de cet homme. Pleurer lui fait beaucoup de bien, lui procure de la détente, reconnaît-elle. Assez vite, pourtant, les tensions reviennent avec la peur de ne jamais rencontrer l'homme avec qui elle pourrait fonder un foyer « sans forcément vivre ensemble et avoir des enfants, du reste ». Chemin faisant, elle réalise qu'une profonde colère l'anime, et sans se demander à quoi celle-ci correspond ni quelle en est la signification, elle s'autorise à la vivre. Elle se rend alors compte que cette colère concerne principalement son père et non son dernier petit ami. Elle met plusieurs semaines à l'évacuer, mais en éprouve un vrai soulagement. Claire est bientôt étonnée de constater que ses crises de boulimie ont totalement disparu pendant cette période. Elle se sent beaucoup plus légère, mais reste anxieuse : elle se demande en effet comment se déroulera sa prochaine rencontre avec un homme maintenant qu'elle « a réglé », lui semble-t-il, son problème d'abandonnite.

Elle est consciente du scénario qu'elle met en place : au début de la rencontre, elle se dit que, de toute façon, l'homme la quittera tôt ou tard ; du même coup, elle se refuse le droit de l'aimer – et le lui dit ! En fait, elle programme son départ. Ainsi, ne peut-elle être « trop déçue, vu qu'elle s'y attend ». Tandis qu'elle prend conscience de cela, je lui demande ce qu'elle pense faire : essayer de modifier le scénario ou le remplacer par un autre ? Elle opte pour la deuxième démarche, ce qui est certainement la solution la plus aisée. Pour ce faire, Claire doit entrer en contact avec son noyau fondamental qui se trouve au centre de son être, au plus profond d'elle-même. Il faut qu'elle éteigne son mental et se pose la question de ce qu'elle désire avec l'enthousiasme de la personne qui a envie de s'offrir un cadeau magnifique.

Avant tout, elle doit bien définir sa question. Le choix de celle-ci et sa formulation sont importants, car la réponse dépend de la clarté et de la simplicité de la question. Comme nous l'avons vu, la forme grammaticale doit être positive : quel type de partenaire est-ce que je désire ? et non quel type de partenaire est-ce que je ne désire plus? Quelles qualités doit-il avoir? et non quels sont les points positifs pouvant lui permettre de m'apporter ce que je souhaite? Le conditionnel doit également être exclu de la question, car, ainsi que nous l'avons vu, le désir existe au présent, non dans un futur hypothétique: qu'est-ce que je désire vivre avec mon partenaire? et non que désirerais-je vivre, si possible, avec mon partenaire? Claire s'efforce de formuler sa question le plus précisément possible et y parvient: «Suis-je prête à me laisser aimer par un homme bien dans sa peau qui me respecte et m'aime pour ce que je suis?»

Mais répondre à cette question ne suffit pas. La réponse, comme la question, doit venir de l'être profond de Claire, non de son cerveau. Il ne s'agit pas d'écrire la question sur un papier avec sa réponse, et de lire celle-ci plusieurs fois par jour pour se convaincre que ce qu'elle dit arrivera lorsque la loi de l'attraction aura produit son effet. Cette façon de faire ne fonctionne pas, car il y manque l'essentiel: la *conviction* que la pensée créatrice existe et a des effets. Le temps présent est essentiel: ce qui est souhaité existe déjà. La pensée créatrice commence à se réaliser dès le moment où elle est formulée, même si sa concrétisation prend un certain temps que la personne ne peut ni contrôler ni définir. Claire sait qu'elle est prête à rencontrer un homme bien dans sa peau qui la respecte et l'aime pour ce qu'elle est, et à se laisser aimer par lui. Elle en est convaincue et très heureuse. Certes, il lui arrive de retrouver sa peur, car l'homme n'est pas encore à ses côtés; mais en revenant dans le moment présent et en éteignant son mental, elle trouve au fond d'elle-même et de façon instantanée l'assurance que cet homme existe et est une réalité nouvelle dans sa vie. Cette certitude n'a rien à voir avec le fait de se convaincre mentalement que quelque chose existe; elle «est», tout simplement: l'homme que Claire souhaite rencontrer existe et leur rencontre est en voie de matérialisation.

Claire fait tout ce travail. Quelque temps après, elle rencontre l'homme qui correspond exactement à ses désirs et à ce qu'elle avait défini par sa pensée créatrice.

Louise, l'enseignante fatiguée

Louise est âgée de 35 ans, elle est mariée et a deux enfants. Elle est enseignante dans le secondaire depuis treize ans, et commence à trouver pénible ce travail, qu'elle aimait à l'origine, mais qui ne lui apporte plus vraiment ce qu'elle désire. Elle se sent fatiguée et a mal au dos de façon récurrente bien qu'elle soit suivie par un ostéopathe et entretienne sa musculature par une pratique régulière de sport et de *fitness*. Elle fait attention à ce qu'elle mange et mène une vie très saine. Elle n'a pas de problème affectif et s'entend bien avec son mari avec qui elle vit depuis l'âge de vingt ans. Ses deux enfants se portent bien et ne lui posent pas de problème non plus. Bref, Louise a tout pour être bien dans sa vie et se porter merveilleusement; elle ne comprend donc pas pourquoi elle est fatiguée et souffre de maux de dos depuis trois ans. Aucun traitement ni approche thérapeutique ne l'a réellement aidée à soulager ces maux. Elle désire comprendre et y remédier afin de ne plus se sentir « comme une petite vieille de 80 ans » !

Que s'est-il passé dans sa vie trois ans plus tôt? Rien, *a priori*, si ce n'est que Louise a commencé à se poser des questions sur la finalité de son travail d'enseignante. Est-ce venu comme cela ou y a-t-il eu des éléments déclencheurs? Deux événements, qu'elle qualifie de « mineurs », sont survenus: des agressions verbales de la part de deux élèves qui l'ont à chaque fois menacée de lui « casser la gueule ». Bien entendu, Louise s'en est plainte à la direction, mais elle ne s'est pas sentie soutenue par elle. Depuis ces « incidents », les choses se sont normalisées, mais Louise n'a plus la motivation qu'elle éprouvait auparavant. Elle se sent dévalorisée et peu aidée par les personnes qui devraient le faire, mais qui, au lieu de cela, me dit-elle, en demandent toujours plus aux enseignants afin de se valoriser auprès de la hiérarchie. Je lui demande ce qu'elle a fait de ces événements. Elle me répond qu'elle a pu en parler dans des groupes de discussion au sein de l'école et qu'elle a même suivi des cours de communication non violente; surtout, elle essaye de ne plus y penser et d'aller de l'avant dans la vie: « Ce ne sont pas deux incidents mineurs qui m'empêcheront d'avancer. » Je lui fais remarquer que ces incidents ne semblent pas si mineurs compte tenu des émotions qui l'animent, faciles à percevoir pour son interlocuteur, quand elle les évoque. Il subsiste quelques émotions, convient-elle, car « ce n'est jamais drôle de se remémorer des moments difficiles, douloureux et injustes de son passé ». Que ressent-elle aujourd'hui vis-à-vis de ces événements ? « Beaucoup de tristesse, me répond-elle, et je trouve cela très injuste. »

Les mots masquent souvent des émotions : que se cache-t-il derrière « injustice », « frustration », « impuissance » ? De la colère, bien entendu, mais la personne s'arrête généralement aux mots sans aller voir l'émotion qui se trouve liée à eux. Il est important d'être conscient de ce fait, car le mental est particulièrement malin pour nous faire dire certaines choses mais en restant en surface.

Louise prend alors conscience qu'elle éprouve non seulement de la tristesse, mais aussi de la colère par rapport à tout ce qui s'est passé. Qu'a-t-elle fait de sa tristesse ? « J'ai dû pleurer, mais pas beaucoup, car je ne voulais pas me montrer faible devant mes agresseurs et mon directeur. » Que peut-elle faire de la tristesse qui subsiste « malgré le temps qui passe » ? Et que peut-elle faire de la colère qui n'a pas été exprimée au nom de théories prônant la retenue et la non-expression des émotions ? Bien entendu, Louise doit s'autoriser à les exprimer, car ces émotions, enfouies en elle depuis trois ans, sont restées intactes. L'idée selon laquelle les émotions diminuent, voire disparaissent avec le temps, est une pure illusion : tant qu'une émotion n'est pas vécue, elle reste en soi sans connaître aucune atténuation ; si elle est vécue partiellement, ce qui n'a pas été vécu subsiste. À quoi cela va-t-il lui servir de vivre ses émotions bloquées ? Derrière cette question se cache généralement le mental, prêt à saisir l'occasion pour nous amener à conclure que cela ne sert à rien. Ces événements appartiennent au passé, nous fait-il remarquer, il vaut donc mieux les oublier et aller de l'avant. C'est la réflexion de Louise ! Autant de remarques qui peuvent nous conduire à enterrer nos émotions au fond de nous. Le but est pourtant simple : se faire du bien en se libérant de ses tensions ! Faisant cela, nous nous octroyons du respect et de l'Amour. N'est-ce pas un cadeau d'une valeur inestimable ?

Louise se permet progressivement de revivre la scène douloureuse de la première agression verbale, très violente, dont elle a été victime. Elle parvient à exprimer toute la colère et la tristesse qui y sont liées, ainsi que la colère qu'elle éprouve vis-à-vis de son directeur et de sa hiérarchie. Au fil des jours, elle constate qu'elle se sent beaucoup moins fatiguée et que ses douleurs dorsales diminuent significativement. Soulagée et encouragée de voir que sa santé s'améliore, Louise reste cependant assez démotivée par son travail et la façon dont elle doit le pratiquer, qui a beaucoup évolué mais dans la « mauvaise direction », me dit-elle. Je lui demande de nouveau comment elle se sent par rapport à cela. Elle se laisse alors aller et me répond qu'elle en a « plein le dos »...

Deux ans plus tard, Louise revient me voir, car ses douleurs dans le dos réapparaissent régulièrement. Elle m'explique que la situation ne peut évoluer compte tenu du système dans lequel elle travaille en tant qu'enseignante ; non seulement ce système ne change-t-il pas, me dit-elle, mais il empire. Aussi ne voit-elle pas d'issue, si ce n'est quitter l'enseignement. Louise m'assure cependant qu'elle n'a pas envie de s'en aller simplement parce qu'elle est en réaction contre l'institution ; si elle le fait, me dit-elle, ce sera pour elle-même, par vrai choix, afin d'aller mieux.

Sa remarque est importante : agir en réaction contre quelque chose ou quelqu'un signifie que la personne n'est pas centrée sur elle, mais qu'elle se comporte en fonction du monde extérieur. Du même coup, son corps présente des tensions, car être en réaction contre est synonyme d'être dirigé par son mental. En revanche, la personne centrée au présent, prêtant attention à son corps physique et sensoriel, se comporte pour elle-même et est détendue. De nouveau, c'est l'intention qui fait toute la différence : se faire du bien ou réagir au monde extérieur.

Qu'aimerait-elle faire une fois qu'elle aura quitté l'enseignement ? Louise n'a en effet aucune envie d'arrêter de travailler et désire continuer de gagner sa vie afin de ne pas dépendre de son mari. Avec gêne, elle me dit qu'elle a envie de donner des cours de peinture et de poursuivre sa propre activité de peintre, un art qu'elle pratique depuis de nombreuses années et qui lui procure beaucoup de joie. « Mais j'ai tellement peur de me lancer, ajoute-t-elle, et je me sens un peu folle d'imaginer que je puisse gagner ma vie de cette façon. Et puis je n'ai pas d'atelier, et sans cela il m'est difficile d'exercer vraiment mon art et de donner des cours. » Louise éprouve donc une envie, mais elle l'annule immédiatement. Son brillant mental dénigre son projet, lui dit qu'il est sans consistance et irréalisable compte tenu du fait qu'elle n'a pas d'atelier et qu'il est très difficile d'en trouver dans le quartier où elle réside. Après avoir éteint son mental, Louise réalise pourtant que peindre et donner des cours de peinture sont vraiment ce qu'elle désire faire ; elle envisage même de participer à des expositions. L'évocation de ce projet la remplit de bonheur. Plus le temps passe, plus elle sent que c'est ce qu'elle souhaite. Elle s'apprête donc à donner suite tout en ne sachant pas du tout comment les choses évolueront. Le premier pas est d'en parler à son époux et de le convaincre du bien-fondé de son idée.

Sa pensée créatrice est très fortement ancrée en elle, et Louise est surprise de la facilité avec laquelle son mari, d'ordinaire assez timoré et pointilleux, accepte ce qu'elle envisage. Il lui dit même qu'il est prêt à l'aider à rechercher un atelier. Forte de son soutien, Louise réfléchit à ce qu'elle désire vraiment et tente de le définir de la façon la plus précise possible ; pour ce faire, elle recourt à sa créativité, à son intelligence innée et à son intuition, à sa réflexion enfin. Elle élabore son projet en s'informant là où il le faut, puis elle en fait la synthèse en laissant sa créativité et son intuition la guider. Son cerveau est au service de son savoir inné, et le résultat ne se fait pas attendre : elle dispose d'un projet qui lui plaît beaucoup et ne demande qu'à se matérialiser. À présent, il lui faut adresser sa pensée créatrice à l'univers afin qu'elle puisse se concrétiser, ce qui peut prendre un certain temps. Et c'est exactement ce qui se passe : en moins de quatre mois, l'atelier est trouvé et loué ; il est aux dimensions dont Louise « rêvait », et son activité de création et d'enseignement prend son essor. Louise a entre-temps démissionné de l'enseignement public et se porte parfaitement bien tant physiquement que moralement.

Diego, le chercheur souffrant du mal du pays

Diego est d'origine sud-américaine. Il vit en Suisse depuis douze ans après avoir séjourné cinq ans aux États-Unis. Il a 43 ans et travaille dans le service de la recherche d'une grande multinationale. Il est célibataire et me consulte parce qu'il vient d'être atteint et traité pour une pneumonie ; étant donné que cela fait la troisième fois en trois ans, il essaye d'en comprendre les raisons et suspecte une fragilisation de son système immunitaire. Je lui demande s'il connaît les raisons pour lesquelles ses défenses immunitaires seraient plus faibles ou inefficaces depuis trois ans ; en d'autres termes, que s'est-il passé dans sa vie il y a trois ans et qui se répète depuis de façon régulière ? Diego ne voit rien de particulier de prime abord. Tout semble aller bien, sur le plan tant professionnel qu'affectif. Certes, sa famille demeure loin, et il n'arrive pas à trouver suffisamment de temps pour aller la visiter comme il le désirerait, mais cela n'est pas nouveau puisque voilà déjà dix-sept ans qu'il vit éloigné de ses parents et de ses trois sœurs. Quelques années plus tôt, son père et sa mère sont tombés malades, mais ses sœurs s'en occupent bien, et il les soutient financièrement de façon que leurs parents bénéficient des meilleurs soins. Il rend visite à sa famille une fois l'an, ce qui est déjà bien. Je lui demande ce qu'il ressent à l'idée de savoir ses parents malades loin de lui ; il me répond qu'il se sent parfois coupable de ne pas pouvoir s'en occuper davantage, même s'il sait bien que ces derniers ne le lui reprochent pas et qu'il fait son maximum de son côté.

Souvenons-nous que la culpabilité est une création de notre mental qui nous entraîne dans le passé ; elle n'est donc pas une émotion. Diego comprend cela et s'autorise à faire porter son attention sur son corps physique et sensoriel. Ancré dans le moment présent, il réalise qu'il est triste de ne pas pouvoir être davantage aux côtés de ses parents et de ses sœurs, car tous lui manquent beaucoup. Il prend également conscience que cette tristesse s'accentue au fur et à mesure que les années passent. Il se plaît en Europe, mais regrette néanmoins de ne pouvoir vivre dans son pays avec sa culture propre qui est fort éloignée des cultures américaine et suisse. Il a beau tout tenter pour s'adapter totalement, il n'y parvient pas. Il se sent pleinement accepté par ses collègues de travail et ses voisins, mais son pays lui manque... Il n'est plus en colère, car il l'a exprimée il y a longtemps déjà.

Que fait-il de sa tristesse? « Rien, car il n'est pas dans mon habitude d'en faire quoi que ce soit ! Je n'ai pas été éduqué dans ce sens. De plus, je ne vois pas ce que pleurer m'apporterait de concret dans la vie, ni en quoi cela ferait évoluer la situation dans laquelle je me trouve. Et je comprends encore moins en quoi me laisser aller à pleurer, en admettant que j'y arrive !, me permettrait de ne plus souffrir de pneumonies à répétition ! »

Diego réagit de façon caractéristique. Dirigé par son mental, il s'interdit de pleurer alors qu'il est profondément triste. Ses raisons sont multiples, et il n'est pas question de chercher à convaincre Diego qu'elles sont bonnes ou mauvaises, culturellement valables ou non. Il suffit qu'il fasse la relation entre sa tristesse et la tension qu'il éprouve. De plus, mais cela n'est qu'une clé que Diego peut accepter ou non, il se trouve que la médecine chinoise associe les poumons à la tristesse. Cela signifie que, lorsque la tristesse n'est pas vécue, il y a de fortes chances que le corps le manifeste par une maladie telle que la pneumonie. Diego accepte de reconnaître que la tristesse qu'il n'exprime pas ne lui fait pas de bien et qu'il pourrait y avoir un lien de cause à effet entre celle-ci et ses pneumonies. Mais comment peut-il exprimer sa tristesse? Cette question est une question typique d'adulte. Les enfants, et Diego a été l'un d'eux !, savent comment s'y prendre de façon innée : il suffit de pleurer. L'adulte éduqué, lui, doit d'abord apprendre à éteindre son mental ; ensuite, il pourra ressentir puis exprimer sa tristesse. C'est ce que Diego s'autorise à vivre, se témoignant ainsi du respect et de l'Amour. Le résultat est qu'il se sent bien plus léger et ouvert dans sa vie et ses relations avec l'extérieur. Mais son mal du pays subsiste, me dit-il.

De quoi a-t-il vraiment envie, qui résoudrait son problème et l'aiderait à se sentir mieux dans la vie? Diego me répond sans aucune hésitation : « Rentrer chez moi, près des miens, et trouver là-bas un travail bien rémunéré qui puisse me permettre de vivre correctement et d'assurer à mes parents la même qualité de soins qu'ils ont reçue jusqu'à présent. Mais cela est impossible. » Je lui demande pourquoi cela est impossible. Il me répond que le niveau qu'il a atteint en tant que chercheur dans sa multinationale est très élevé, et qu'il ne trouvera pas de place équivalente dans son pays. Diego, avec des arguments logiques et rationnels, oppose à son désir de vivre différemment une fin de non-recevoir. Cette façon de procéder est courante. Elle fait fi de ce que son corps tente de lui dire au travers de la tension qui, en lui, prend la forme du mal du pays. Cette tension essaye de lui montrer qu'il ne se respecte pas et qu'il a fait un choix de vie qui ne lui correspond pas. Elle n'a rien à voir avec la logique, les autres ou la normalité ! Il ne s'écoute pas et ne croit pas en lui, dit-elle simplement à Diego. Ce dernier finit par l'accepter, mais ne voit toujours pas comment il pourrait trouver une réponse adéquate.

Désire-t-il continuer de faire de la recherche dans le domaine dans lequel il travaille depuis tant d'années ? Il me répond qu'au fond de lui il commence à en avoir assez de travailler pour une entreprise dont il ne partage plus les valeurs ; il est même assez révolté de constater à quel point ses recherches servent des objectifs qui ne sont pas les siens. Je lui demande alors de me dire ce qu'il souhaiterait réaliser dans sa vie professionnelle. Dans un premier temps, il hésite à répondre, puis, comme un enfant pris en faute, il me dit qu'il aimerait mettre le savoir qu'il a acquis au fil de ses longues années de recherche dans le domaine agroalimentaire au service de l'agriculture de son pays d'origine. Il définit alors clairement le travail et les responsabilités qu'il aimerait avoir, et le salaire qu'il souhaiterait. Il adresse ensuite cette envie profonde à l'univers. Peu de temps après, Diego est approché par une organisation privée collaborant avec le gouvernement et recherchant une personne de son calibre. Le travail et le niveau de responsabilités ainsi que le salaire correspondent à ce qu'il désirait. C'est ainsi qu'aujourd'hui Diego vit à nouveau dans son pays, près des siens.

Tous les exemples choisis montrent que nous avons la capacité de créer une réalité qui soit conforme à nos aspirations. Pour ce faire, nous devons d'abord vivre les émotions qui sont bloquées en nous et ont favorisé l'apparition de divers troubles. Cette expression nous libérera et ouvrira la voie à notre savoir inné. Bien entendu, même si toutes les étapes peuvent être parcourues rapidement, l'effet recherché n'est pas immédiat. Tout dépend de ce que nous faisons avec notre plus grand ennemi : le mental. Plus vite nous parvenons à l'éteindre, plus vite nous pouvons réaliser ce que nous désirons profondément. En d'autres termes, plus vite nous nous accordons de l'Amour, plus vite nous en recevons.

La résilience n'est pas synonyme d'aptitude à rebondir dans la vie

Certaines personnes associent l'aptitude à rebondir dans la vie à la résilience. Ces deux entités ne recouvrent pourtant pas du tout les mêmes réalités. Il convient donc de bien les différencier.

La résilience est un terme emprunté à la physique des métaux et désigne le rapport existant entre l'énergie cinétique absorbée par un métal et la rupture de celui-ci. En d'autres termes, la résilience, exprimée en kilos par centimètre carré, caractérise la résistance au choc et désigne l'aptitude d'un matériau à reprendre sa structure après un choc. Par exemple, la coque d'un sous-marin est résiliente parce qu'elle est capable de supporter des pressions très importantes lors de plongées et de reprendre sa forme primitive à la fin de celles-ci. Le *Petit Robert* définit le terme « résilient » de la façon suivante : « Qui résiste (plus ou moins) au choc, est caractérisé par une résilience plus ou moins grande. »

La mère de la résilience est une psychologue américaine, E. Werner, qui a suivi pendant trente ans 700 enfants nés en 1955 dans l'île de Kauai, dans l'archipel d'Hawaï[18]. Sur les 200 enfants considérés, à partir de critères précis, comme étant des enfants présentant un risque élevé de troubles de comportement, 70 ont évolué de façon favorable et sont devenus des adultes bien intégrés et sans perturbation majeure. Ils sont parvenus, selon l'auteure, à « rebondir », c'est-à-dire à ne pas être victimes de leur enfance difficile. Leur atout principal a résidé dans leur tempérament : les enfants résilients savent induire des réponses positives de la part des membres de leur famille, mais aussi de la part des étrangers ; ils sont fortement adaptables à leur milieu ambiant ; ils sont jugés par les adultes comme étant faciles, équilibrés, affectueux, actifs ; par exemple, s'ils ont des difficultés à s'alimenter ou à dormir, ils ne dérangent pas leur entourage pour autant. En résumé, ils s'adaptent aux mondes social, professionnel et familial. Dans la langue anglaise, *resiliency* est utilisé depuis de nombreuses années pour décrire la capacité de réussir de manière acceptable en dépit d'un stress important fortement susceptible de générer une issue négative. Le concept de résilience est couramment accepté et utilisé aux États-Unis alors qu'il commence seulement à être introduit en Europe. Les définitions sont diverses, mais tout le monde semble s'accorder avec celle du Dr Boris Cyrulnik selon laquelle « la résilience définit la capacité à se développer quand même, dans des environnements qui auraient dû être délabrants[19] ». Un groupe de chercheurs canadiens de l'Université Dalhousie, en Nouvelle-Écosse, propose une autre définition intéressante : « La résilience, c'est l'aptitude des individus et des systèmes (familles, groupes, collectivités) à vaincre l'adversité ou une situation de risque. Cette aptitude évolue avec le temps ; elle est renforcée par les facteurs de protection (présentés ci-après) chez l'individu ou dans le système et le milieu ; elle contribue au maintien d'une bonne santé ou à l'amélioration de celle-ci[20]. » Si l'on se fie à ces définitions, plusieurs facteurs sont déterminants dans la résilience :

- Un tempérament qui suscite des réponses positives dans l'entourage ;
- Un lien important avec une personne qui prend soin de l'enfant ou aide l'adulte ;
- Une approche active de résolution des problèmes ;
- La croyance que la vie a un sens et que ce sens est positif.

Selon la même étude canadienne, qui fait le bilan des recherches sur le sujet, il existe trois grandes catégories de facteurs de protection contribuant à la résilience des individus :

- Des facteurs individuels: sentiment de compétence personnelle, capacité à planifier, compétences cognitives, optimisme, capacité de faire face au stress, habileté à chercher du soutien;
- Des facteurs familiaux: rapports parents-enfants propices, chaleur et affection, soutien familial solide, cohésion familiale;
- Des facteurs de soutien autres: personnes aidantes telles qu'enseignants, membres de la famille étendue ou personnes extérieures à la famille; milieux favorisant l'autonomie, la responsabilité et le contrôle de soi.

Comme nous pouvons le voir, la résilience fait appel à la fois aux capacités adaptatives des femmes et des hommes et à tout ce que l'entourage peut offrir. C'est cette combinaison qui permet au résilient de faire face à l'adversité et de «réussir».

La résilience varie en fonction des situations, des conditions de vie et de l'entourage. Elle est par conséquent une capacité fluctuante. D'autres auteurs[21] ont par ailleurs montré qu'elle peut avoir un prix. Le résilient peut en effet faire preuve d'un retrait partiel de la vie (différent de l'autisme) ou de tendances obsessionnelles; il peut reconstruire son passé de façon imaginaire en l'idéalisant, et se montrer hyperactif ou anxieux.

La résilience est un mécanisme d'adaptation que possèdent certains individus et qu'ils mettent en œuvre pour faire face au milieu difficile dans lequel ils doivent évoluer, au chemin parsemé d'embûches qui est le leur. Ce mécanisme s'est révélé salvateur pour des enfants victimes de la guerre, de la pauvreté ou d'autres événements particulièrement violents. La résilience n'est donc pas une panacée, comme certains désireraient nous le faire croire; de toute évidence, elle demeure un vaste domaine à explorer, car à ce jour nul ne semble avoir réellement compris le lien existant entre l'enfant résilient et son entourage, et ce qui fait qu'un enfant va ou non devenir résilient...

Nous allons voir que la capacité de rebondir dans la vie est fort différente de la résilience, même si certains points sont communs aux deux notions. La plus grande différence réside dans le fait que tout être humain dispose de la capacité de rebondir et qu'il peut l'exploiter à tout moment et sans avoir besoin de se reposer sur autrui.

Comment rebondir dans la vie ?

Les exemples cités préalablement nous indiquent la ligne à suivre. Nous pouvons la décomposer en cinq phases, toutes aussi importantes les unes que les autres. La pensée créatrice étant centrale dans cette approche, le lecteur aura peut-être le sentiment de certaines répétitions par rapport au chapitre précédent, mais j'estime qu'elles sont nécessaires.

Phase I : cerner notre problématique

EN QUOI RÉSIDE LE BLOCAGE DANS NOTRE VIE ACTUELLE ?

Lorsque nous sommes face à une problématique, deux réflexes acquis surgissent très rapidement : rechercher le responsable et le subir ou nous battre contre lui, et analyser cette problématique afin de trouver une façon d'y échapper.

Nous sommes en effet malheureusement habitués à rechercher la cause de ce qui ne va pas dans le monde qui nous entoure : la crise financière mondiale, le régime politique, la religion, les systèmes de santé ou éducatif ; dans notre environnement : les bactéries et les virus, le changement climatique, l'emploi de pesticides ; dans notre entourage familial ou notre vie affective : l'autre, qu'il s'agisse de la femme, du mari, des enfants, des parents, des amis, est alors le responsable tout trouvé. Dans tous les cas, nous faisons tout pour désigner le plus vite possible la personne ou la chose qui nous empêche d'être bien dans notre vie et dans notre peau, comme si notre bien-être dépendait exclusivement de notre environnement.

Nous clamons sans aucune gêne que nous ne sommes pas responsables de notre vie et que les autres le sont. Nous acceptons d'être des rouages de notre milieu que nous considérons comme la pièce centrale de notre vie, tout en disant à qui veut l'entendre que nous désirons être traités comme des personnes responsables et indépendantes. Nous adoptons cette attitude paradoxale parce qu'elle présente un intérêt : elle nous permet de ne pas nous sentir responsables de nos difficultés. Si nous souffrons, c'est à cause de la maladie, à cause des autres, à cause d'institutions qui nous dépassent, à cause de Dieu ou de notre karma !, jamais à cause de nous. Nous sommes de petits êtres qui ne font que subir et disposent de peu de ressources pour faire face à leurs problèmes et les résoudre. Nous sommes des victimes expiatoires, des lilliputiens écrasés par la lourdeur de l'univers. Nous ne pouvons donc résister que bien mal aux événements imprévisibles que la vie nous impose.

Nous bâtissons alors tout un système de croyances dans lequel nous ne sommes que ce que nous avons accepté d'être : victimes, petits, sans ressource face à la puissance de la société et du monde qui nous entoure, incapables de grande réalisation, dépendants et destinés à souffrir. Nous nous complaisons à subir les systèmes qui exploitent ces croyances : les religions, les théories économiques, les institutions éducatives... Nous acceptons sans aucun discernement les théories qui nous rendent encore plus dépendants de ces croyances dont la véracité n'est pourtant attestée par aucune preuve « scientifique », et cela avec l'appui d'une partie de la communauté scientifique. Nous nous entourons d'idées reçues qui nous aident à nous convaincre que nous ne sommes pas responsables de notre bien-être. Si une personne s'avise de nous dire le contraire, nous nous sentons « culpabilisés » par elle, et nous plaignons immédiatement du fait qu'elle n'est pas « dans l'empathie » ! Quoi de plus normal que d'être pris en charge aussi bien socialement que médicalement ? ! Quant à l'éducation, elle relève exclusivement de la société qui est la seule à savoir ce qui est bien ou mal ; et si ce n'est pas la société, c'est la religion, la philosophie ou une secte...

Notre vie se résume à affronter des problèmes qui « sont le lot quotidien de tous » pour essayer de nous en sortir sans trop de dommages ; à tenter d'être le plus heureux possible « compte tenu des circonstances ». La personnalité idéale est celle qui a de grandes capacités d'adaptation, qui subit sans broncher et sans rien ressentir, puis, une fois passé l'orage, qui reprend son chemin de pénitence en rendant grâce au ciel de l'avoir épargnée. Une variante est la personne qui commence par s'adapter, puis réagit : elle se bat contre, car elle est dotée de souplesse et de force de caractère ! Sa vie est une acceptation du fait qu'elle est un lilliputien, mais elle a les ressources de David contre Goliath pour lutter et gagner ; cela, tout en sachant que de toute façon elle perdra finalement, car « tout le monde meurt un jour ». Dans les deux cas de figure, l'homme n'est pas au centre, il n'est qu'à la périphérie ; il n'est pas celui qui crée, il est celui qui copie ; il n'est pas celui qui vit, il est celui qui tente de survivre. Le respect et l'Amour sont absents de sa vie.

Un réflexe complémentaire consiste à analyser la problématique qui se présente à nous afin de nous y soustraire. L'analyse est une preuve que nous sommes des êtres intelligents. Reposant sur les capacités de notre cerveau, elle nous conduit à rechercher des réponses à différentes questions que nous nous posons : pourquoi et comment cela nous arrive-t-il ? Aurions-nous pu l'éviter ? Comment pouvons-nous nous sortir de cette mauvaise passe ? Le désir de compréhension accompagne généralement cette démarche.

Les grands dangers potentiels de cette approche sont les suivants : nous plonger davantage encore dans notre mental, nous empêcher d'accéder à nos émotions et à ce que nous ressentons, nous limiter à n'utiliser que notre cerveau et notre savoir acquis à l'exclusion de notre savoir inné, nous cantonner au plan intellectuel.

Analyser n'est pas une mauvaise chose en soi, à condition que nous ayons conscience des dangers mentionnés, et à condition que nous débouchions sur quelque chose de concret. L'analyse pour l'analyse peut en effet se révéler être une arme redoutable de notre mental visant à nous empêcher d'atteindre notre savoir et notre intelligence innés ainsi que nos émotions. Dans ce cas, elle est une perte de temps et d'énergie terriblement efficace et a pour seul avantage de renforcer notre ego – mais est-ce bien un avantage ? Non, bien sûr ! L'analyse est un des éléments centraux de nombre d'approches qui se prétendent thérapeutiques, mais qui font plus de mal que de bien, précisément parce qu'elles renforcent l'ego au lieu de permettre au noyau fondamental de s'exprimer.

Avoir conscience de ces deux attitudes est important, car cela nous aide à ne pas nous lancer tête baissée dans une direction qui n'est pas la bonne. Face à une difficulté, l'apparition ou l'existence de tensions, d'un blocage ou d'une souffrance doit nous alerter et nous faire nous poser la question suivante : qu'est-ce que ces signes que mon corps me présente essaient de me dire ? Quel message mon corps tente-t-il de me transmettre ? Avec pour objectif essentiel : nous enraciner dans notre meilleur ami, notre corps. L'important est d'obtenir une réponse qui puisse nous servir pour aller de l'avant, non de parvenir à un prétendu savoir qui ne nous apprend rien sur notre être profond.

J'entends déjà les critiques argumenter : nous avons le droit de comprendre intellectuellement ce qui nous arrive, disent certains, car nous sommes des êtres dotés d'intelligence, et analyser est une bonne chose. Certes, il peut apparaître important de comprendre le pourquoi d'une indigestion, mais le vomissement et le mieux-être qui s'ensuit ne sont-ils pas ce qui compte vraiment ? La question posée doit permettre d'obtenir une réponse simple et utilisable immédiatement. Quant à la réponse, nous la connaissons : notre corps cherche à attirer notre attention sur le fait que nous nous sommes égarés par rapport à nous-mêmes ; soit parce que nous ne sommes pas dans le moment présent, soit parce que nous ne nous permettons pas de reconnaître, de ressentir, d'exprimer nos émotions, soit parce que nous ne sommes pas en relation avec notre noyau fondamental et notre savoir inné.

Or, nous nous trouvons au centre de ce qui nous arrive et de ce dont nous souffrons, non à la périphérie : nous en sommes responsables. Certes, les événements qui se présentent à nous existent et il n'est pas question de les nier ou de les ignorer. Ce ne sont pourtant pas eux qui créent les tensions que nous ressentons, mais nous, en fonction de la manière dont nous y réagissons : si nous subissons les événements ou si nous nous battons contre eux, c'est qu'ils occupent le centre et nous la périphérie, d'où l'apparition de tensions ; si nous agissons en étant centrés sur nous-mêmes, nous trouvons les ressources en nous pour traverser les évènements en étant créatifs, nous existons ; nous n'éprouvons alors pas de tension durable.

Devons-nous nous sentir coupables lorsque nous faisons quelque chose qui n'est pas en accord avec nous-mêmes ?

Rappelons-nous que la culpabilité est une pure invention de notre mental qui nous coupe du moment présent pour nous projeter dans le passé ; elle disparaît dès que nous éteignons notre mental. Avons-nous le droit à l'erreur ? Oui, bien sûr ; c'est d'ailleurs un droit que nous accordons à tout être que nous aimons. Mais il nous est souvent beaucoup plus difficile de nous l'accorder à nous-mêmes. Le faire équivaut pourtant à s'aimer soi-même. Tout cela pour souligner que notre corps attire notre attention sur le fait que nous nous trompons. Nous avons le droit de ne rien changer, auquel cas les tensions perdureront, mais nous avons aussi la possibilité de modifier la situation afin de ne plus souffrir.

Notre corps ne nous donne pas un cours de morale. Il ne nous dit pas : « Tu n'aurais pas dû faire ceci ou cela », car il n'est pas dans le jugement, contrairement à notre mental. Souvent, lorsque la question leur est posée de savoir ce que leur corps essaye de leur dire, les personnes concernées donnent des réponses qui relèvent du jugement et de la censure : « Je n'aurais pas dû agir ainsi », « Je devrais me comporter différemment », « Mes pensées sont mauvaises », « Il me faudrait pardonner plutôt que m'accrocher et attendre réparation »... Autant de réactions qui sont à l'image de notre mental moralisateur et intolérant. Notre corps ne juge pas, son seul rôle est de nous prévenir que nous ne nous respectons pas. Il ne nous donne pas non plus de conseils. Quand il nous dit qu'il est fatigué, il ne nous dit pas de prendre des vacances, de cesser de travailler ou d'aller nous promener dans la nature, il nous indique simplement que nous ne nous écoutons pas et ne nous respectons pas.

Notre corps nous parle constamment sans être dans le jugement, l'accusation ou la vindicte ; il n'essaye pas de nous faire plier ou de nous humilier. Il tente de nous avertir comme le ferait un véritable ami : avec Amour et fermeté, sans faux-fuyants. Son discours n'a pas besoin des mots qui peuvent toujours être une source de confusion : il nous présente des signes clairs qui nous renseignent instantanément sur notre état de tension ou de détente. À la question : « Quel est le blocage dans ma vie actuelle ? », notre corps, par les tensions qu'il présente, nous répond que nous sommes totalement ou partiellement excentrés, que nous ne fonctionnons plus par rapport à nous, mais par rapport aux autres et à la société. Bref, que nous ne nous aimons pas.

Le blocage est en nous et provient de la présence de notre mental qui, rappelons-le, nous coupe du moment présent, de la reconnaissance et de l'expression de nos émotions, de notre savoir inné et de notre noyau fondamental, et qui nous fait porter des jugements de toutes sortes.

Comment se traduit ce blocage dans notre vie quotidienne, hormis par les signes concernant notre santé ? Nous avons vu que, pour chacune des personnes citées en exemple, les blocages étaient différents : incapacité à aller de l'avant dans sa vie professionnelle pour François, problèmes dans leur vie affective chez Judith et Claire, difficulté à continuer d'exercer sa profession pour Louise, incapacité à être heureux de la part de Diego. Les blocages peuvent se manifester dans toutes les sphères de notre vie ou dans une seule plus spécifiquement.

Sous quelle forme se présentent-ils ? Maintes formes existent et il n'est pas mon intention de toutes les décrire. L'important me paraît être d'en dresser un bilan le plus précis et le plus exact possible afin de prendre conscience de l'étendue de leur impact sur notre quotidien.

Quel est notre état de santé ?

La santé est à l'image de ce qui se passe en nous non seulement sur le plan physique, mais aussi sur les plans psychique et spirituel. Dès qu'il y a incohérence ou disharmonie en nous à un quelconque niveau, notre corps nous l'indique par une tension qui, si elle perdure sans que nous ayons la possibilité de prendre un temps de repos compensatoire, peut entraîner des troubles plus conséquents. C'est souvent le mal-être ou la maladie qui nous alerte au sujet d'un problème que nous avions mis de côté ou que nous n'avions pas résolu. Les accidents font également partie de ces signes qui tentent d'attirer notre attention sur une problématique non résolue.

Être attentif à soi permet d'éviter de perdre du temps et d'intervenir avant que les signes physiques ne soient trop graves. Le corps commence en effet toujours assez gentiment, c'est-à-dire par des signes légers, de la fatigue par exemple. Lorsque nous négligeons de nous pencher sur la signification de ceux-ci, il insiste en en augmentant l'intensité ou en présentant d'autres signes plus conséquents : à la fatigue viennent s'ajouter des troubles du sommeil ou des brûlures d'estomac. Cela, jusqu'à ce que notre attention soit attirée. Le but est simple : faire en sorte que nous nous prenions en main afin de sortir de notre blocage. Notre corps ne nous demande pas de guérir, il nous demande de changer notre attitude ou notre comportement dans la vie ; c'est ce changement qui permettra la guérison. Être en bonne santé n'est pas un but en soi mais la manière dont dispose notre corps pour nous dire : « Tu te respectes et tu t'aimes. » La maladie témoigne de l'inverse. Se battre pour guérir est donc un combat perdu d'avance. De fait, nous ne vivons pas pour être en bonne santé ou avoir un taux de cholestérol correspondant aux normes établies ! Nous vivons pour être heureux, pour nous sentir en harmonie avec le monde qui nous entoure. La santé n'est qu'un miroir de ce qui se passe en nous, et c'est parce que l'harmonie est rétablie que la guérison survient, non le contraire.

Beaucoup de personnes confondent deux choses : s'occuper de soi et être nombriliste. Pour elles, être attentif à soi équivaut à se prendre pour le centre de l'univers et à se comporter comme un égoïste négligeant les autres et le monde dans lequel il vit. D'autres objectent que s'occuper de soi prend du temps et qu'elles n'en ont pas ou très peu, ce qui peut parfaitement être le cas. Certaines font remarquer qu'elles préfèrent s'occuper des autres plutôt que d'elles-mêmes. S'occuper de soi ne signifie pas non plus multiplier les activités. Une personne peut en effet avoir passé la journée à jouer au golf, être allée chez l'esthéticienne et avoir dîné chez des amis sans s'être occupée d'elle-même à aucun moment !

Une des grandes tendances actuelles consiste à s'occuper de soi en faisant du sport, en mangeant le mieux possible et en pratiquant la méditation. Cela ne peut faire que du bien, dit-on. Je ne suis absolument pas d'accord avec ce type de discours : ce qui importe n'est pas ce que l'on fait, mais l'intention avec laquelle on le fait. Il est très courant de rencontrer des personnes qui pratiquent le sport de façon compulsive, l'activité physique étant pour elles une drogue dont elles sont devenues complètement dépendantes. Ces personnes ne se font aucun bien, pas plus que l'alcoolique ou le tabagique. Les personnes qui ne consomment qu'un certain type de nourriture, qui sont obnubilées par leur poids et leur masse graisseuse versus leur masse musculaire, ont le même problème. D'autres ne peuvent plus passer de journée sans avoir fait une heure ou deux de méditation. Toutes s'apparentent à mon sens à des drogués incapables de «décrocher», ne serait-ce qu'un jour, de la substance dont ils sont dépendants. S'occuper de soi n'est pas équivalent à passer du temps à «faire», mais signifie *prendre du temps pour «être»*.

Se regarder soi-même n'est pas être nombriliste. Cela ne nous fait perdre aucun temps et ne pénalise pas les autres. Bien au contraire, se prêter attention permet d'exister mieux en se respectant. C'est un acte d'Amour qui nous permet de nous ouvrir à nous-mêmes et, par voie de conséquence, aux autres: nous aimant nous-mêmes, nous pouvons également aimer les autres. Prétendre aimer les autres alors que nous ne nous accordons même pas un regard ou une attention est une parole vide de sens: lorsque nous sommes fermés vis-à-vis de nous-mêmes, nous le sommes forcément aussi vis-à-vis des autres.

Quand nous décidons de porter ce regard sur nous-mêmes, ou que nous ne pouvons faire autrement que nous mettre à l'écoute de nous parce que la maladie est là, il nous faut nous demander quel message nous transmet notre corps. La réponse est simple: notre corps, en nous présentant un mal-être, des symptômes ou une maladie, nous incite à nous pencher sur nous, il nous rappelle que, lorsque nous ne nous accordons pas le respect ou l'Amour que nous méritons, nous devons en assumer les conséquences. Il ne nous «culpabilise» pas, comme on l'entend souvent dire, car la culpabilité est une pure construction de notre mental et n'existe pas si nous nous situons dans l'ici et maintenant. Notre corps nous dit, avec plus ou moins de force, que nous ne nous aimons pas. Ses messages sont toujours d'une grande clarté. Si nous passons à côté, c'est que nous n'avons aucune envie de les entendre ou que, nous occupant à faire plutôt qu'à être, nous n'en prenons pas le temps. Or dans tous les cas, nous savons, au fond de nous, ce qui ne va pas et ce qu'il faudrait faire afin d'aller mieux.

Nous préférons aussi trop souvent nous reposer sur le professionnel de la santé qui est censé « savoir » parce qu'il a fait des études ; certes, il a certaines compétences, mais il ne dispose pas de la connaissance fine et profonde que nous avons de nous-mêmes lorsque nous nous autorisons à éteindre notre mental. Et il fera en général tout pour nous convaincre que nous sommes irresponsables devant notre santé, que nous devons faire taire notre sens critique et nous confier à des mains expertes et savantes. C'est ainsi que certaines personnes « acceptent » des traitements et se forcent à suivre les conseils éclairés de professionnels même si une petite voix en eux leur dit de ne pas le faire, avec les résultats que l'on connaît : complications et échec du traitement. Donner les pleins pouvoirs au thérapeute revient à permettre au mental de travailler à la disparition de la personnalité du patient et à l'aggravation de sa perte d'autonomie, ce qui ne peut qu'accentuer les symptômes ! Le cercle vicieux est en place, et le chef de manège, notre grand ami le mental, particulièrement actif... Descendre du manège signifie éteindre notre mental pour revenir au moment présent et retrouver notre savoir inné, ce qui équivaut à retrouver notre autonomie.

Quelles croyances limitent notre quotidien ?

Notre histoire personnelle comporte souvent des scénarios répétitifs. Nous l'avons constaté dans la vie des personnes mentionnées précédemment. Celles-ci se retrouvaient régulièrement confrontées aux mêmes types de situations dans leur vie professionnelle, sociale et affective. Rechercher dans nos vies quels sont ces scénarios est important, car ceux-ci nous apportent des éléments de réflexion sur notre façon de fonctionner dans l'existence. Il convient donc d'en prendre conscience, puis d'en rechercher l'origine. Nous constatons alors que ces façons de réagir sont issues de notre savoir acquis, c'est-à-dire de notre éducation et des croyances dont nous avons hérité et qui n'ont rien à voir avec nous. Certes, à un moment donné dans notre vie, nous les avons adoptées parce qu'elles nous protégeaient ou parce que nous n'avions pas d'autre référence, mais elles ne sont pas vraiment nôtres. Nous le savons. Malgré cela, nous trouvons difficile d'en changer. Nous nous voyons même parfois agir d'une façon qui ne nous correspond pas du tout, de manière quasi automatique, et nous laissons faire. Ce « pilote automatique », nous l'avons vu, a généralement été mis au point durant notre enfance, période pendant laquelle nous retenions toutes les informations disponibles sans être capables de les analyser. C'est ainsi qu'à un âge plus avancé nous nous retrouvons avec des façons de nous comporter implantées en nous, et qui, tels des programmes informatiques, se mettent en marche dès que certaines informations sont présentes : dès mon plus jeune âge, on m'a dit que je n'étais pas digne d'être aimé, si bien qu'à chaque nouvelle rencontre je fais tout pour que l'autre me quitte. Prendre conscience de nos répétitions est un premier pas sur le chemin de la guérison. Cette prise de conscience est généralement ce qui motive une personne souffrante à se prendre en main pour ne plus subir sa vie.

Phase II : face à une épreuve, il nous faut vivre nos émotions

Une fois que nous nous sommes ancrés dans le moment présent pour faire face à une difficulté de la vie, il va nous falloir tenir compte du fait que nous avons des émotions, et nous permettre de les vivre. Encore faut-il les reconnaître et les ressentir ! Nous allons voir toute l'importance de cette étape sur le chemin menant à la découverte des solutions. Elle est essentielle si l'on veut rebondir dans la vie.

Nous avons déjà vu que la peur et la culpabilité ne sont pas des émotions, car elles sont créées de toutes pièces par notre mental. Au contraire, la joie, la tristesse et la colère, qui existent en nous depuis notre naissance et font partie de notre vie, en sont. C'est le blocage de celles-ci par notre mental qui crée les tensions, non leur apparition en nous comme c'est le cas pour la peur et la culpabilité.

Paule, âgée de 45 ans, est en pleine séparation après vingt-cinq ans de vie commune avec son mari. Ils ont deux enfants de 16 et 20 ans. Paule a découvert que son époux a une maîtresse depuis de nombreuses années, et elle désire divorcer. Son conjoint ne souhaite pas cette séparation, car il dit l'aimer encore. Il n'est pourtant pas prêt à mettre un terme à sa relation extraconjugale. Paule n'a pas de travail, car elle a préféré élever ses enfants plutôt que travailler, et la situation de son mari le lui permettait. Elle se retrouve par conséquent dans une situation difficile, qu'elle redoute et qui la fait hésiter quant à ce qu'elle désire vraiment faire. Elle se rend compte que, depuis la découverte de la liaison de son mari, elle se sent blessée et est en réaction contre lui ; elle a conscience que le divorce sera difficile, mais elle ne voit pas d'autre issue. Jusque-là, n'étant pas au courant de ce qui se passait, elle reconnaît qu'elle était « assez bien » avec son mari. Ils prenaient du bon temps ensemble, faisaient de beaux voyages, allaient régulièrement dans leur chalet en montagne et recevaient souvent leurs amis. Leur vie sociale était très remplie et leur vie familiale leur apportait également de grandes joies. C'est alors que l'une des « amies » de Paule, à un moment où celle-ci ne s'y attendait pas du tout, lui annonça qu'elle avait une liaison avec son mari depuis une dizaine d'années. Bien évidemment, Paule a rompu sa relation avec cette amie. Une mauvaise ambiance s'en est suivie dans leur cercle d'amis, car certains étaient au courant et d'autres non, et Paule ne désirait plus fréquenter celles et ceux qui ne lui avaient rien dit. Physiquement, Paule se sent fatiguée, elle dort mal avec des réveils réguliers ; elle est très irritable et pleure pour un rien. Elle souffre également de constipation ainsi que de brûlures et de crampes d'estomac. Tous ces symptômes sont apparus après qu'elle eut découvert la trahison de son mari. Paule est mal dans sa peau ; elle se sent dévalorisée en tant que femme et a totalement perdu confiance en elle.

Paule vient me consulter pour une raison principale : elle désire aller mieux physiquement afin de retrouver les forces nécessaires pour mettre en œuvre ce qu'elle a décidé de faire. Lorsque je lui demande de me dire ce qu'elle désire, elle se rend compte que tout est flou et indécis dans son esprit ; d'un côté, elle est blessée et désire se venger en divorçant à la condition que cela coûte très cher à son mari, d'un autre, elle redoute de se retrouver seule et désargentée. Elle hésite entre ces deux voies et va de l'une à l'autre sans trouver aucune des deux satisfaisante. Elle en a parlé avec ses amis, mais elle se rend compte qu'elle est seule à pouvoir décider. Elle ne se sent pas aidée par son mari, qui ne désire pas la séparation et qui fait même actuellement «des efforts» dans leur vie privée. Paule parle beaucoup pendant la consultation puis, brusquement, alors que je lui demande ce qu'elle ressent, elle se tait et se met à pleurer. Elle me répond au bout d'un moment qu'elle pense qu'elle ne mérite pas ce camouflet donné par l'homme avec qui elle a eu deux enfants et pour qui elle s'est toujours dévouée afin qu'il réussisse, notamment sur le plan professionnel. Je lui repose la question en lui disant que je ne lui demandais pas ce qu'elle pense, mais ce qu'elle ressent. Elle me regarde et me dit qu'elle est triste et terriblement malheureuse, mais qu'il lui faut réagir afin de garder la tête haute et parvenir à continuer de vivre le mieux possible. Je lui demande si elle se permet de pleurer quand elle ressent cette émotion et si elle se sent mieux après; elle s'autorise en effet à vivre sa tristesse, me dit-elle, mais ne se sent pas pour autant mieux ensuite; au contraire, ajoute-t-elle, elle se sent parfois encore «plus nouée et mal». Je lui demande ce que son corps essaye de lui dire, d'après elle; elle n'en a aucune idée.

Reconnaître ses émotions

Paule exprime sa tristesse en s'autorisant à pleurer. Son corps lui transmet alors un message de détente. Que lui dit-il? Qu'elle est en train de se respecter en vivant son émotion, et que son mental n'est pas actif. S'il l'était, Paule ressentirait à coup sûr une tension. De son propre aveu, elle est actuellement «perdue», car elle ne sait pas très bien ce qu'elle désire faire de sa vie: veut-elle réellement divorcer, comme elle le dit parfois, ou une autre solution est-elle envisageable? Tout tourne dans sa tête sans qu'elle parvienne à trouver une réponse satisfaisante. Certes, elle reconnaît être triste et elle exprime cette tristesse, mais elle demeure tendue et son corps lui présente une foule de symptômes. Une partie de ceux-ci, la dévalorisation et la perte de confiance en elle, sont dus au fait qu'elle ne se situe pas dans le moment présent, mais dans le passé et le futur. Qu'en est-il des autres ? Deux possibilités existent : soit Paule n'exprime pas toute sa tristesse, soit elle est animée par une autre émotion qu'elle n'a pas encore identifiée. Quelle émotion n'a pas été mentionnée par Paule, et que le lecteur, lui, a bien reconnue ? La colère, bien sûr. Les mots « trahison » et « camouflet » l'évoquent, mais il ne s'agit pas d'une reconnaissance consciente. La preuve en est que, lorsque je pose à Paule la question de savoir si elle n'éprouverait pas de la colère, sa réponse fuse immédiatement : « Non, je ne suis pas violente, et je ne ressens aucune colère »...

Lorsqu'un individu éprouve de la colère et qu'il la garde en lui, il arrive souvent que, tôt ou tard, il ne parvienne plus à se contrôler. Alors il explose, ce qui se traduit par une crise de rage parfois violente et pouvant aller jusqu'à mort d'homme. Le résultat en est que la personne, après avoir fait cette crise, se sent coupable. Elle essaye alors encore plus de se contrôler, jusqu'à la prochaine crise, qui ne saurait tarder... C'est ainsi que les « colériques » fonctionnent : ils vont de crise de rage en crise de rage. En réalité, ils n'expriment rien et gardent au fond d'eux-mêmes leur vraie colère. Nous voyons ici le rôle du mental : il bloque l'expression de la colère, créant une tension qui ne fait que grandir et s'amplifier du fait de l'accumulation de la colère contenue, jusqu'à ce que l'explosion survienne. S'ensuit une nouvelle tension, la culpabilité, également engendrée par le mental, qui projette la personne dans le passé !

Si l'on en croit Paule, elle n'éprouve donc aucune colère. Elle reconnaît cependant que s'autoriser à pleurer ne la libère pas complètement. Est-elle contrariée, énervée, vexée, irritée, frustrée par ce qui lui arrive actuellement ? Elle me répond qu'elle est en effet très frustrée et irritée par tout ce qu'elle a découvert et qu'elle en veut terriblement à son amie ainsi qu'à son mari. Cette double trahison ne la laisse absolument pas de marbre, mais elle ne reconnaît pas sa colère pour autant.

Paule n'est pas une exception, au contraire. Notre mental est parfaitement entraîné à nous bloquer dans la reconnaissance de nos émotions. Je reviens à l'exemple de l'hôpital. Quand un proche est hospitalisé, nous disons généralement ressentir de la peur et de la tristesse. Mais la peur n'est pas une émotion; il suffit de s'ancrer dans le présent pour la voir disparaître aussi vite qu'elle est venue. Va pour la tristesse. Pourtant, si nous nous situons vraiment au présent, c'est de la colère que nous éprouvons; non pas contre la personne malade, mais pour plusieurs bonnes raisons: notre impuissance devant la maladie, le temps que nous perdons dans les embouteillages pour aller à l'hôpital, l'hôpital lui-même, un lieu peu agréable. Malgré cela, lorsque nous demandons à notre mental si nous avons le droit d'être en colère, il nous répond que non. Représentant notre éducation, il nous interdit de ressentir une telle émotion.

Un autre exemple de situation courante dans laquelle nous avons de la peine à nous autoriser à ressentir de la colère est le deuil. Avons-nous le droit d'être en colère lorsqu'un de nos proches nous quitte? Oui, bien évidemment. Éprouver de la colère et l'exprimer font du reste partie du processus de deuil. Pourtant, un grand nombre d'entre nous ne s'autorise pas à reconnaître cette émotion: «On ne peut pas être en colère envers une personne que l'on aime et qui vient de mourir!» disons-nous, ou: «Je ne suis pas égoïste, il ne faut pas penser qu'à soi dans la vie!»

Et il est bien d'autres situations dans lesquelles nous avons tous tendance à ignorer nos émotions: que ressentons-nous quand nous entendons répéter à longueur de journée que la grippe, ou le terrorisme, nous emportera tous? que la crise financière nous ruinera? La plupart d'entre nous répondent: «De la peur!» Mais sachant que la peur est induite par notre mental, qui nous fait imaginer un futur plein d'illusions, éteignons-le et reportons notre attention sur notre corps physique et sensoriel. Nous y découvrons alors beaucoup de colère et peut-être de la tristesse, mais combien d'entre nous le reconnaissent et, surtout, combien acceptent de vivre cette colère? Notre mental bloque cette émotion; c'est ce qui explique pourquoi nous répondons: «De la peur.» Ceux qui manipulent l'opinion publique savent que notre mental constitue une arme terriblement efficace, et l'utilisent.

Nous pourrions citer autant d'exemples au sujet de la tristesse et de la joie. N'avons-nous pas entendu mille fois répéter, au cours de notre éducation, qu'un garçon ne pleure pas et qu'une fille ne crie pas ? C'est ainsi que beaucoup d'hommes sont très doués pour ne pas reconnaître leur tristesse et que nombre de femmes ignorent leur colère. Les trop grandes joies sont même bannies de certaines cultures parce qu'elles « dérangent ». Nombre de personnes disent qu'elles ont de la difficulté à reconnaître leur tristesse et leur colère, mais qu'elles n'en éprouvent aucune avec leur joie. Cela se révèle souvent faux, car, lorsque l'on bloque une émotion, on les bloque généralement toutes. Pour en avoir la certitude, demandons à ces personnes la dernière fois qu'elles ont vécu une vraie joie ? La réponse est étonnante !

Revenons à Paule qui vient de reconnaître qu'elle ne se sent pas en colère mais « très irritée ». Ce faisant, elle accomplit un immense pas en avant : elle se donne le droit de commencer à exister. Va-t-elle pour autant se sentir mieux et son corps le lui signifiera-t-il ? Non, car la simple reconnaissance ne peut produire ce résultat. Elle n'est qu'un premier pas vers le mieux-être sans lequel toute progression est impossible, rien de plus. Il va falloir que Paule aille plus loin et continue d'éteindre son mental.

Ressentir ses émotions

Paule a pu reconnaître qu'elle a des émotions de tristesse et de colère, mais l'accepte-t-elle vraiment ? Oui, pour la tristesse, mais ce n'est pas du tout le cas pour la colère. Elle me dit en effet que ressentir cette émotion est « avilissant », car la colère est « une émotion négative ». De plus, elle n'a aucune envie de donner l'impression à son amie et à son mari qu'elle est touchée par ce qui lui arrive. Tout juste est-elle « dégoûtée » par leur trahison. Ils ne valent pas grand-chose, me dit-elle, et elle ne veut « surtout pas que l'on s'intéresse trop à ce qu'ils ont fait et à leur personne ! ». Bref, Paule rejette ce qu'elle a pourtant admis ressentir « de temps en temps », à savoir cette mauvaise émotion qu'est la colère. De plus, son mental a très vite repris le contrôle, car elle porte des jugements et dénie ce qu'elle ressent.

Pour pouvoir ressentir ses émotions, il faut d'abord les accepter. Bien entendu, Paule peut rêver au jour où elle ne ressentira plus rien et ainsi n'aura plus à se soucier de reconnaître quoi que ce soit. Elle peut regretter de ne pas être encore suffisamment « sage » pour ne connaître que « l'illumination ». Elle peut d'ores et déjà s'inscrire à des séminaires, stages ou séjours dans des lieux où elle sera encadrée par des êtres brillants qui lui apprendront à gommer ses émotions et à devenir une « apprentie humanoïde ». En attendant, elle est réellement très en colère. Les personnes qui regrettent ou se reprochent d'avoir des émotions font généralement ce genre de réflexions : « Je suis trop émotive, il faut que je change », « Je devrais apprendre à me dominer », « Les émotions, ça se gère ». La plupart du temps, ces remarques n'émanent pas de la personne elle-même, mais lui ont été inspirées par ses lectures ou son entourage professionnel ou familial, ses références religieuses ou philosophiques, voire certaines institutions qui prônent ce type de « sagesse ». Bref, elles sont émises par le mental et conduisent la personne à la souffrance et à la culpabilité. Des thérapeutes en tous genres et de tous horizons, que j'ai déjà évoqués, travaillent dans ce sens.

Après avoir éteint une nouvelle fois son mental, Paule réalise, d'une part, que sa colère existe bien, même si elle préférerait ne pas en éprouver, et, d'autre part, que cela n'est ni bien ni mal, mais « est » tout simplement. Peut-elle se donner le droit d'être en colère et triste ? S'accorder ce droit est une étape importante, car le mental s'y oppose souvent. Que faut-il alors faire ? L'éteindre de nouveau afin de reprendre pied dans le moment présent, dans l'acceptation de ce qui est et non dans l'illusion de ce qui devrait être. C'est ainsi que Paule parvient à accepter qu'elle éprouve de la colère et de la tristesse. C'est ce qui va lui permettre de passer au stade suivant qui consiste à les ressentir.

« Comment fait-on pour ressentir une émotion, notamment la colère ? » me demande Paule. C'est une question malheureusement très courante ! Elle montre à quel point nous pouvons être totalement coupés de nous-mêmes. Quelle tête ferions-nous si un bébé venant de naître – et qui saurait parler ! – nous posait cette question ? Un enfant ne poserait jamais cette question, car, dès sa naissance, il sait ! Or, nous avons tous été bébé puis enfant... Mais revenons à Paule et à sa question. Le préalable sans lequel elle ne pourra pas aller de l'avant est qu'elle continue à éteindre son mental. Elle doit ensuite laisser remonter la scène de son passé qui est liée à l'émotion de colère, puis vivre celle-ci non comme une spectatrice, mais comme une actrice impliquée à part entière, et cela, jusqu'au moment le plus difficile et le plus douloureux. Elle devra alors s'arrêter et laisser s'exprimer ce qui lui vient : une phrase, un acte subi. L'effet est le même que celui produit par une image bloquée dans un film. Paule ressent physiquement une « chose » qui s'apparente à une boule, un nœud ou un quelconque autre symptôme, et doit lui laisser prendre sa place dans son corps. Plus elle laissera vibrer en elle l'image bloquée, plus la chose désagréable prendra de place, jusqu'au moment où Paule se sentira prête à l'exprimer, c'est-à-dire à jeter hors d'elle cette chose qui ne lui fait aucun bien. Pourquoi appeler ce symptôme une « chose » ? Parce que ce n'est pas l'émotion en tant que telle qui est désagréable et ressentie à ce moment-ci, mais le blocage de l'émotion par le mental. C'est ce blocage qui produit la sensation de grande lourdeur ressentie.

Certaines personnes ne retrouvent pas de scène précise, mais une simple sensation de mal-être. La marche à suivre est la même : il s'agit de favoriser l'expression de ce qui est ressenti. D'autres sont au contraire assaillies par plusieurs scènes remontant les unes à la suite des autres. C'est un des autres pièges du mental : il fait défiler les scènes pour égarer la personne et l'empêcher de ressentir et de s'exprimer. Sans compter que, si la personne a déjà eu recours à l'approche analytique, elle risque fort de ne pas choisir la scène qui est la plus parlante. Par expérience, je conseille toujours de prendre la première scène qui revient à la mémoire, car c'est elle qui, lorsqu'elle est vidée de son émotion, fait le plus progresser la personne souffrante. Par l'analyse, la progression est beaucoup plus laborieuse. Alors qu'en laissant faire la partie innée qui existe en chacun, les pas en avant sont rapides et importants. J'ai souvent entendu dire que le mental est nécessaire pour remonter à une scène du passé. Cette remarque ne tient pas compte de la définition que j'ai proposée du mental[22]. Le désir de se faire du bien est à la base de la démarche, la mémoire est utilisée pour se souvenir de la (ou des) scène concernée, et le savoir inné permet d'effectuer le choix de la scène quand plusieurs se présentent. La mémoire est une partie importante du cerveau qui n'est pas le mental.

Cet exercice que Paule va devoir faire est essentiel. Si elle ne le fait pas, elle n'accédera pas à ce qu'elle ressent et ne parviendra pas à s'exprimer de façon libératoire. Si elle tente d'exprimer l'émotion sans la ressentir, elle risque fort de donner raison à celles et ceux disant que taper sur un oreiller ne sert qu'à encourager le mental. Ces personnes ont parfaitement raison si l'émotion n'est pas ressentie avant d'être exprimée; la personne passe alors d'une reconnaissance intellectuelle à une pseudo-expression. Elles ont tort si l'émotion bloquée est ressentie.

Il faut cependant souligner qu'il est en général nécessaire d'éteindre le mental de nombreuses fois pendant l'exercice, car il s'oppose avec force au contact avec les émotions. La patience et la tolérance envers soi-même sont par conséquent essentielles.

Paule réussit à ressentir cette « chose » en elle, ce qui est en soi un magnifique progrès. Celui-ci n'est pourtant pas encore synonyme de mieux-être, au contraire! Ce qu'elle ressent est l'émotion bloquée par le mental; il va donc falloir qu'elle passe à son expression pour se sentir mieux.

Exprimer ses émotions

Cette étape constitue le moment libératoire. Sans elle, il n'est pas de mieux-être réel et durable. De nombreuses thérapies s'arrêtent à l'émotion ressentie sans passer à son expression, surtout pour la colère. Encourager une personne à entrer en contact avec ce qu'elle ressent, et ne pas l'accompagner pour l'aider à l'exprimer, est à mon sens inadmissible et dangereux. C'est ainsi que j'ai souvent reçu dans mon cabinet des personnes qui redoutaient tout « travail émotionnel »: ayant déjà suivi de nombreux stages de développement personnel, elles en gardaient un très mauvais souvenir et appréhendaient toute approche encourageant à ressentir ses émotions.

Le mot « exprimer » prête à confusion. On peut en effet le comprendre – et cela réjouit notre mental ! – de la façon suivante : dire à l'autre ou aux autres. Ainsi pourrais-je dire à l'autre que je suis triste ou en colère à cause de lui ! Cela me fera du bien, et l'autre reconnaîtra enfin ses torts ; ou, plus simplement, je me sentirai mieux d'avoir déversé ma rage... Nombre de personnes ne rêvent qu'à cela lorsqu'elles sont tristes, mais surtout lorsqu'elles sont en colère. Que se passe-t-il lorsqu'elles choisissent cette voie ? L'autre ressent immédiatement leur colère même si elles tentent de la dissimuler en s'efforçant de rester « maîtres » d'elles-mêmes. Il se protège donc, ce qui se traduit par une absence d'écoute ou de l'agressivité. Dans le meilleur des cas, la personne en colère se retrouve face à quelqu'un qui ignore ce qu'elle lui dit, ou qui opine de la tête à seule fin d'avoir la paix, mais ce quelqu'un n'aura strictement rien compris ni entendu. Dans le pire des cas, l'interlocuteur renvoie de la colère et l'escalade de la violence débute. Sans compter qu'une personne hurlant sa colère est peu compréhensible ; son excès même amène l'autre à se fermer tout à fait. Si la colère est telle que la personne a envie d'étrangler son interlocuteur, il est bien évident que des insultes n'apaiseront pas les choses, au contraire. Enfin, demander à la personne contre qui nous sommes en colère de nous écouter et de nous donner l'autorisation de nous exprimer revient à lui demander le droit d'exister ! N'est-ce pas le comble de la négation et de l'irrespect de soi ?!

Pour toutes ces raisons, l'expression d'une émotion doit se faire quand on est seul, pour soi-même et avec pour unique objectif de se faire du bien, non de convaincre l'autre de quoi que ce soit. La douleur ne vient pas de l'acte violent, de la remarque déplacée ou de la méchanceté de l'autre, mais du fait que ces événements ont généré une émotion et que celle-ci est bloquée par le mental.

Paule m'interroge de nouveau : « Comment puis-je faire pour exprimer ma colère ? » Comment fait un enfant ? Il crie, il se roule par terre, il tape en hurlant. Chacun d'entre nous sait faire cela, mais à condition d'éteindre son mental. Celui de Paule lui dit qu'elle ne sait pas crier, qu'elle n'a pas envie de taper sur quelque chose, qu'elle trouve cela ridicule, qu'elle n'en a pas le temps, que ses voisins la prendront pour folle... Le mental est excessivement doué pour inventer tous les prétextes possibles afin d'empêcher l'expression de soi. Le mental de Paule use d'une autre astuce : il lui souffle à l'oreille que, si elle désire réellement exprimer ce qu'elle ressent, il lui faut trouver un endroit où personne ne pourra la voir ni l'entendre. Il est en effet préférable d'éviter une rue noire de monde ou un appartement mal insonorisé ! Cela étant, il existe nombre d'endroits où cette expression peut se faire : sous un oreiller, dans sa voiture, dans la nature, sous l'eau... Nous sommes très inventifs quand nous le voulons ! Le mental, lui, nous fait rechercher des lieux et des conditions à ce point « idéaux » qu'ils en deviennent parfaitement introuvables !

Une autre astuce du mental consiste à réapparaître très vite après le premier cri ou la première manifestation de l'émotion, afin de tout bloquer de nouveau. La personne a l'impression de s'être exprimée, mais en réalité elle n'a fait que commencer. Il est rare, en effet, qu'une colère puisse être évacuée en quelques secondes ; de même, la tristesse demande plus d'une larme. Ce piège est très courant. La personne qui est tombée dedans dira par la suite qu'exprimer ce que l'on ressent n'est pas une bonne démarche, car cela est resté sans effet pour elle.

Il est impossible de dresser la liste exhaustive des multiples mensonges que notre mental peut inventer. Retenons simplement que, dès qu'il intervient, nous en ressentons une tension et nous nous retrouvons bloqués dans notre élan ; nous éprouvons un mal-être, non une détente. Il nous faudra donc éteindre de nouveau notre mental afin de parvenir à une expression complète de ce que nous ressentons. La preuve que nous y sommes parvenus nous est fournie par notre meilleur ami : nous nous sentons détendus, en paix avec nous-mêmes. Cette détente s'accompagne d'une plus grande facilité à respirer, de l'impression que tout circule mieux en soi, que la vie reprend des couleurs. Une certaine fatigue peut surgir, mais elle s'apparente à celle que l'on ressent après un effort physique important, non à celle que l'on éprouve lorsqu'on est tendu nerveusement. Dans tous les cas, un mieux-être important apparaît dès les minutes et les heures qui suivent l'exercice. Si nous désirons être certains d'avoir tout évacué, il nous suffit de retourner à la scène que nous avons retrouvée et de refaire l'exercice. Lorsqu'une tension quelconque est ressentie, c'est qu'une partie de l'émotion est encore bloquée. Lorsque nous n'éprouvons que de la détente, c'est que nous l'avons exprimée en totalité.

Paule s'est autorisée à vivre sa colère et s'en est trouvée bien mieux. Toute sa colère n'a cependant pas disparu en une fois. Il lui a fallu répéter l'exercice à plusieurs reprises, ce qui lui a pris quelques semaines. Au fur et à mesure, ses brûlures d'estomac se sont estompées, puis elles ont totalement disparu ; la qualité de son sommeil s'est également améliorée pour redevenir normale. Cette évolution vers une meilleure santé a beaucoup étonné Paule, qui n'avait pas fait de liaison consciente entre ses symptômes et sa difficulté à exprimer ses émotions. Elle était en effet très sceptique. Ses doutes étaient de plus renforcés par son gastroentérologue qui, tout en reconnaissant qu'il est bon de travailler sur soi, avait ajouté qu'à son avis ce travail n'aurait pas beaucoup d'effet sur sa gastrite érosive… Parallèlement à ce mieux-être physique, Paule a repris confiance en elle et a arrêté de se dévaloriser. C'est ainsi qu'elle s'est retrouvée prête à passer à une autre phase : décider de ce qu'elle désirait vivre, non pas en réaction par rapport à son mari et son ancienne amie, mais *en action* pour elle-même.

Vivre ses émotions est essentiel, vivre sans émotions n'est qu'une forme de survie. Les émotions font partie de la vie. Ne pas les exprimer, essayer de les nier ou de les mettre sous tutelle équivaut à ne pas se respecter et à ne pas s'aimer. Notre corps nous transmet ce message sans ambiguïté aucune pour autant que nous nous donnions la peine de l'écouter. Reconnaître, ressentir et exprimer ce que nous ressentons est encore plus important lorsque nous sommes confrontés à une épreuve. Nous avons pu le constater avec l'exemple de Paule. Lorsqu'une difficulté se dresse sur notre route, nous avons en effet tendance à rechercher tout de suite une solution sans prendre le temps de nous arrêter à ce que cette difficulté provoque en nous. Nous désirons nous débarrasser de notre fardeau au plus vite pour continuer d'avancer. C'est ainsi que nous « oublions » que nous sommes des êtres humains et qu'à chaque instant de notre vie, y compris lorsque nous avons des difficultés, nous avons des émotions. Le responsable de cet oubli, nous l'avons vu, est le mental, qui est le pire conseiller que nous puissions avoir. L'expression « colère aveugle » est parfaitement adaptée à notre propos. En effet, lorsque nous sommes dominés par notre mental, la colère non exprimée nous empêche de voir et d'analyser calmement la situation en vue de trouver une solution.

Il est intéressant de remarquer que le langage populaire dit juste, contrairement à nombre de thérapeutes du développement personnel dont le leitmotiv pourrait se résumer comme suit : « Ne vous laissez pas aller à vos émotions, car vous perdez en objectivité et efficacité. » Ce faisant, ils nous invitent à mettre de côté nos émotions, voire à les gommer, pour rechercher « la » solution grâce à notre sens de l'analyse, à notre cerveau. Ainsi prendrons-nous une décision qui ne tiendra pas compte de ce que nous ressentons. Ces recommandations font malheureusement fi de la réalité : ce ne sont pas les émotions qui constituent l'obstacle – elles existent, que nous le voulions ou non –, c'est *nous empêcher de les reconnaître, de les ressentir et de les vivre*.

C'est cet empêchement qui provoque la perte de clarté qui nous « aveugle » et se traduit par une inefficacité partielle ou massive, voire une paralysie de notre cerveau bloqué par le mental. Les beaux discours entraînent ainsi des catastrophes humaines : des souffrances physiques s'exprimant dans le mal-être et la maladie – il n'est qu'à constater l'absentéisme au travail –, et une immense perte d'efficacité chez ceux qui suivent ces conseils.

Les preuves d'échec sont tellement évidentes que nous pouvons nous demander pourquoi les mentalités ne changent pas. Nous connaissons pourtant l'issue de l'approche par l'analyse : l'analyse faite, nous en sommes au même point que si nous avions banni nos émotions. Autant dire qu'il s'agit d'une perte de temps et d'énergie. L'approche par la « gestion des émotions », elle, nous invite à traiter nos émotions comme des dossiers : vous classez, vous rangez et vous fermez... Cette approche est très prisée par les ego surdimensionnés : il serait tellement simple de pouvoir rire sur commande, de façon sensée, proportionnée et acceptable au vu de la situation, en ne blessant et en n'indisposant personne ! « Gérer » une émotion est une autre façon de dire qu'il faut s'empêcher de la vivre. *Une émotion ne se gère pas, elle se vit.* Lorsqu'elle n'est pas vécue ou ne l'est que de façon incomplète, cela signifie que le mental agit. Les mêmes problèmes que ceux que nous avons déjà évoqués surgissent alors. Apprendre à gérer les émotions, tenter de les comprendre, voire les supprimer sont des approches dangereuses, aussi dangereuses que les approches qui les ignorent. Dangereuses, car elles permettent au mental d'effectuer son travail de sape. Ne nous laissons pas leurrer par des vendeurs d'illusions : tant qu'une émotion n'est pas reconnue, ressentie et vécue pleinement, son blocage par notre mental conduit au mal-être physique et psychologique, et rend inefficace toute recherche de solution.

Vivre ses émotions est important non seulement parce que cela permet de ne pas souffrir de tensions potentiellement dangereuses, mais encore parce que cela évite de subir une situation, de lutter contre elle ou d'y résister. Il devient alors possible de se battre *pour soi*, ce qui est bien évidemment la meilleure des attitudes. Dans le cas de Paule, cela signifie qu'elle va pouvoir décider avec calme et sérénité ce qu'elle désire faire pour elle-même avant de passer à l'action. Si elle ne s'était pas donné l'autorisation de reconnaître, ressentir et vivre ses émotions, elle serait encore en train de nier certaines réalités, comme elle le faisait auparavant ; elle continuerait à hésiter entre les différentes marches à suivre, à choisir l'une pour l'abandonner et revenir à une autre déjà adoptée et abandonnée quelques jours auparavant. Sa confusion perdurerait. Paule serait aussi en opposition avec son mari, et il y a fort à parier que, tôt ou tard, elle se déterminerait en fonction de lui ou de son ancienne amie, plutôt qu'en fonction d'elle-même. Elle n'agirait ainsi qu'en réaction, par conséquent affaiblie et aveuglée par la haine et le désir de vengeance. Regardons autour de nous les personnes qui sont dans cet état : elles luttent contre l'autre afin d'obtenir tout et n'importe quoi ; le plus souvent, cela ne marche pas, et ce combat épuisant ne leur apporte que frustrations et désillusions.

L'approche que Paule a choisi de suivre lui apporte tout le contraire : un mieux-être physique dû à la disparition de ses tensions, la confiance en elle, le calme et la satisfaction. Elle est centrée sur elle-même, non en lutte contre son mari ou son amie. Nous allons découvrir que cela va lui apporter bien plus, mais d'ores et déjà elle est gagnante !

Lorsque nous sommes confrontés à une difficulté dans notre vie, nous parvenons à minimiser le stress et à rester indemnes physiquement et psychologiquement si nous éteignons notre mental et nous autorisons à reconnaître, ressentir et exprimer nos émotions. Nous pouvons alors entrer en contact avec ce qui fait notre plus grande force : notre savoir inné. C'est grâce à son aide que nous trouverons la solution à notre problème et rebondirons plus haut et plus loin.

Phase III : prendre contact avec son noyau fondamental et son savoir inné : la pensée créatrice

Avoir exprimé ses émotions est très utile, car le terrain sur lequel nous nous trouvons est à présent « nettoyé ». Certes, notre mémoire, qui nous fait exécuter certaines actions de façon quasi automatique, existe toujours, mais nos émotions étant exprimées, ces actions ont moins d'importance, et notre mental moins de possibilités de nous y ramener. De plus, nous sommes disponibles pour intégrer de nouvelles informations.

Si nous comparons un événement de notre vie à un coup de couteau, nous comprenons parfaitement bien l'importance qu'il y a à exprimer ses émotions. À la suite d'un coup de couteau, la plaie doit être parée[23], puis nettoyée et suturée. C'est seulement alors que la cicatrisation se fait. Si la plaie reste sale, il y a bien des risques que l'infection gagne du terrain et que la cicatrisation ne se fasse pas ; notre corps devra alors mobiliser beaucoup d'énergie afin de contenir l'infection, et la douleur perdurera. C'est exactement la même chose pour un événement qui n'est pas « nettoyé » des émotions qui lui sont associées. Exprimer ses émotions permet de cicatriser sur le plan psychologique, si bien que la douleur disparaît. Nous disposons désormais d'un terrain propre sur lequel nous pouvons construire, et d'une énergie qui nous permet d'aller de l'avant.

Rebondir dans la vie suppose que nous reprenions contact avec la partie innée de nous-mêmes afin de ne plus être esclaves de la partie acquise ; celle-ci, nous l'avons vu précédemment, nous mène à vivre selon des schémas qui nous réduisent souvent au rang d'exécutants de programmes et nous empêchent de nous épanouir. Le but de l'exercice est simple : créer un nouveau programme qui puisse être utilisé en lieu et place de l'ancien. Pourquoi ne pas simplement modifier ce dernier ? Pourquoi ne pas nous contenter de corriger notre pilote automatique ? Parce que cela prendrait trop de temps et d'énergie, avec des résultats qui ne seraient pas forcément fantastiques. Ce serait par ailleurs une autre façon de lutter contre plutôt que de lutter pour. Enfin, notre vie étant libérée des émotions mémorisées par le vieux programme, nous pouvons nous ouvrir à la nouveauté. Pour toutes ces raisons, il est préférable de créer un nouveau programme, à l'aide de notre savoir inné, qui nous permettra de développer notre pensée créatrice.

La question posée est capitale, car elle induit la réponse. Il faut par conséquent passer du temps à la définir, et la formuler de la façon la plus simple et complète possible. Les mots « envie » ou « désir » sont importants pour les raisons dont nous avons parlé. « Qu'ai-je envie de vivre ? de créer ? d'obtenir ? », « Avec qui est-ce que je désire faire ? vivre ? partager ? » sont des exemples de formulation claire. La question dépend bien entendu de ce que nous recherchons : une activité, une rencontre, un nouveau mode de vie ? La formulation doit toujours être positive, c'est-à-dire que ce sont les envies et les désirs et non les non-envies et les non-désirs qui doivent être explicités. Le temps présent compte aussi, car nos envies n'ont pas à voir avec demain ou hier, elles s'enracinent dans le présent même si leur matérialisation peut prendre plusieurs heures, semaines ou années.

La question à laquelle nous désirons répondre étant formulée, il nous faut passer à la deuxième étape : prendre contact avec notre noyau fondamental, car c'est en lui que résident nos envies, non dans notre cerveau. Le désir n'émane en effet pas de notre cerveau logique, rationnel et limité ; il vient du plus profond de notre être, de cette partie de nous qui est reliée à notre être spirituel et à l'univers dont nous faisons partie et dans lequel nous évoluons. Nos envies et désirs peuvent nous apparaître irrationnels, illogiques, voire délirants ; ils sont ce qui nous fait avancer dans la vie. L'envie est souvent associée à la joie : j'ai envie de m'offrir une belle voiture ou une belle robe, contrairement à la velléité qui ne l'est pas : j'aimerais bien m'offrir une belle voiture ou une belle robe. L'association envie et joie est d'ailleurs capitale dans l'élaboration de la pensée créatrice, comme nous le verrons.

Comment prendre contact avec notre noyau fondamental ? En éteignant notre mental afin de nous ancrer dans le présent. Cette rencontre se déroulera dans le calme, durant les périodes de repos compensatoire dont nous avons parlé, ou dans le moment séparant l'inspiration de l'expiration. Certains appellent cet instant le silence absolu, d'autres le vide, d'autres encore le dédoublement du temps ou le point zéro. Peu importe les mots, l'essentiel est de savoir qu'il faut absolument avoir éteint notre mental pour entrer en contact avec notre noyau fondamental. Chacun d'entre nous a déjà vécu de ces moments de la vie, que ce soit devant un paysage superbe ou à l'occasion d'un partage, au cours desquels une grande plénitude intérieure et le sentiment d'exister en tant qu'être à part entière et de faire partie de l'univers nous envahissent. C'est que nous sommes alors en contact avec notre noyau fondamental. Lui seul peut nous donner la certitude que nous appartenons à l'univers et que l'univers nous appartient. Cela se traduit par un grand calme accompagné d'une joie profonde.

Que le lecteur se rassure : entrer en contact avec son noyau fondamental ne nécessite pas dix ans de méditation ou des études supérieures de spiritualité virtuelle ou avancée ! Ce n'est pas non plus réservé à une élite. Il suffit de faire porter son attention sur son corps physique et sensoriel. Certes, cela exige un effort, mais chacun de nous peut y parvenir.

Une fois établi le contact avec notre noyau fondamental, il nous faut trouver la réponse à la question posée. Celle-ci va s'imposer en nous dans le silence. Nous « recevrons » cette réponse qui se manifestera à sa façon, selon un mode qui lui sera propre : certains l'entendront, d'autres la visualiseront, mais dans tous les cas la réponse s'inscrira comme une certitude qui s'impose et ne suscite ni questionnement, ni peur, ni hésitation. Cette réponse procure toujours un sentiment de profonde joie intérieure. Bien entendu, le mental reviendra au grand galop avec ses « C'est une décision complètement irréaliste », « Impossible ! », « Beau projet, mais ridicule »... Il faudra alors l'éteindre de nouveau et renouer le contact avec le noyau fondamental afin de retrouver la question posée et sa réponse. Nous pouvons répéter cet exercice si nous doutons de la réponse, mais si nous doutons, c'est que notre mental est de nouveau actif...

La réponse est une pensée créatrice, c'est-à-dire une pensée exprimant ce que nous désirons être, vivre, créer ou obtenir. Elle se différencie des autres pensées par le fait qu'elle se suffit à elle-même et est porteuse de calme, de certitude et de confiance. Ce n'est donc pas une pensée comme les autres. L'affirmation : « Je désire faire de la danse » est bien plus qu'une simple pensée, car elle contient en elle l'idée que je pratique déjà la danse avec toute la joie que cette activité me procure. « Je souhaite trouver un poste de réceptionniste dans une étude d'avocats » signifie que je suis presque déjà réceptionniste et éprouve tout le plaisir et l'intérêt liés à ce poste que je désire tant. La pensée est créatrice, car elle prend vie dès qu'elle est énoncée. Certes, sa matérialisation n'est pas encore achevée, mais son adresse à l'univers en est le début. Seul notre mental nous fera douter de la possibilité de la réalisation de notre pensée. Au-dehors, en effet, la réalité visible n'a pas encore intégré notre création. Mais au-dedans de nous, la création existe et notre confiance est pleine et sans faille, comme elle l'est toujours dès que notre mental est éteint.

Une fois que la pensée créatrice s'est exprimée, nous devons utiliser notre cerveau et notre savoir inné pour la rendre plus consistante. La pensée créatrice peut se comparer à un squelette auquel il faudrait donner des muscles et des organes afin de le rendre viable. Ainsi, la pensée : « J'ai envie de faire de la danse » a-t-elle besoin d'être étoffée: quel type de danse? Dois-je m'inscrire dans une école? Si oui, laquelle me conviendrait le mieux? Le cerveau peut être mis à contribution, notamment ses capacités de réflexion et son intelligence. Il intervient alors au service de la pensée créatrice et n'est pas celui qui dirige les opérations. Ce point est essentiel: le directeur des opérations n'est pas le cerveau, mais le noyau fondamental. Notre savoir inné nous permet également de bien définir ce que nous désirons en faisant appel à notre créativité, à notre intuition, à notre spontanéité et à notre enthousiasme.

Enfin, je le rappelle, la définition du projet doit être la plus précise possible. Si je vise tel poste dans une institution donnée, il est bon que je précise le salaire que je désire, à défaut de quoi je risque fort d'accepter un salaire qui sera défini par les autres et qui ne correspondra pas forcément à mes aspirations. Je reviens à mon exemple de la boulangerie qui me sert souvent avec les personnes que j'accompagne. Si vous désirez des croissants, vous ne direz pas: «J'aimerais un gâteau qui ne soit pas un petit pain au chocolat ni une tarte aux pommes, mais qui ressemblerait à de la pâte feuilletée cuite et que je pourrais manger à mon petit déjeuner.» Vous demanderez: «Deux croissants, s'il vous plaît.»

Lorsque la pensée créatrice est clairement définie, nous pouvons passer à la phase suivante.

Phase IV: adresser notre pensée à l'univers — l'image du boomerang

Notre pensée créatrice est claire, il nous faut maintenant l'intégrer à notre existence. Un des risques est en effet de disposer d'une belle feuille de papier sur laquelle nous avons décrit de la façon la plus précise possible notre pensée, mais sans faire en sorte que celle-ci s'enracine profondément en nous. Cet enracinement est essentiel pour faire passer la pensée créatrice de son état immatériel à sa matérialisation. Rappelons-le: c'est la pensée qui crée la matière, non l'inverse. Encore faut-il que la pensée nous habite. Alors seulement nous pouvons l'adresser à l'univers, tel un boomerang.

Le boomerang est bien sûr une image, mais qui a le mérite de nous aider à comprendre qu'il s'agit d'adresser notre pensée créatrice au-dehors afin qu'elle prenne forme hors de nous. C'est le fait d'adresser notre pensée créatrice à l'univers, tandis que nous restons dans le moment présent, qui va lui permettre de se matérialiser, c'est-à-dire de se manifester dans notre réalité. Pourquoi devons-nous demeurer dans le moment présent ? D'une part, parce que cette pensée n'existe qu'au présent, d'autre part, parce que le futur est à l'image du présent ; autrement dit, si je me contente d'attendre de pratiquer la danse, mon futur sera fait d'attente. Rester centré sur le moment présent est difficile, car le mental revient vite ! Il nous faut alors l'éteindre de façon répétitive, jusqu'à ce que notre pensée se matérialise.

Imaginons une personne qui désire une voiture : elle a choisi la marque, le modèle, la couleur, les options qu'elle désire, ce qui correspond à la définition la plus exacte possible de la pensée créatrice. Elle est déjà heureuse et très excitée à l'idée de piloter cette voiture, même si elle ne la possède pas encore matériellement. Mais la voiture est déjà sienne, car elle l'a commandée au constructeur. Cet acte correspond au lancé du boomerang. Dès ce moment, cette personne est propriétaire de sa voiture même si elle ignore la date exacte de la livraison. Si elle se met à attendre, elle risque fort de se sentir tendue et impatiente, signes que son corps lui adresse pour lui demander de revenir au présent ; elle peut même être en colère du fait des délais. Au contraire, si elle reste dans l'ici et maintenant, elle se sentira bien jusqu'à la livraison. La loi de l'attraction joue pleinement son rôle : si nous nous mettons dans une situation d'attente, nous attirons de l'attente, si nous sommes enracinés dans notre désir et notre envie, nous leur donnons vie dans l'immédiat.

Nous ne pouvons pas contrôler le temps que prendra la matérialisation de notre pensée créatrice. Personne ne sait non plus comment cette matérialisation s'opère. L'important est de savoir qu'elle est en train de se réaliser et que le temps importe peu, puisqu'en nous la création existe déjà.

Phase V : accueillir la nouvelle réalité

Il ne nous reste plus qu'à accueillir cette nouvelle réalité. Pourquoi insister sur ce point alors qu'il semble évident qu'après tout ce travail nous sommes prêts à vivre cette nouvelle réalité ? Sommes-nous prêts à nous aimer ? Sommes-nous à l'aise avec cette idée ou dérangés par elle ? Si nous sommes très honnêtes, nous constatons que les réponses à ces questions ne sont pas aussi simples. Nous n'avons pas l'habitude de nous accorder de l'Amour, et la facilité avec laquelle nous avons créé une nouvelle réalité nous étonne nous-mêmes. Dans ces circonstances, notre mental a beau jeu de se précipiter vers nous pour nous décourager : la facilité avec laquelle nous nous sommes fait plaisir est dérisoire et suspecte, nous dit-il, et elle ne doit certainement pas être célébrée dans la joie ; à défaut de quoi, ajoute-t-il, nous risquons de « payer le prix fort » pour ce que nous avons osé entreprendre. Bref, le mental revient pour ternir le travail effectué et détruire ce que nous venons de construire, autrement dit pour gâcher la fête. Il faut alors de nouveau l'éteindre. Il nous est souvent plus difficile de recevoir que de donner, car pour recevoir nous devons accepter que nous en sommes dignes, que nous avons une valeur. C'est une autre façon de se dire que nous avons le droit de nous aimer et d'être aimés.

La nouvelle réalité est nôtre depuis que nous l'avons conçue ; il nous faut maintenant vivre avec elle. Elle ne peut être un poids puisque nous la désirons au plus profond de nous, mais il arrive qu'elle dérange une partie de notre entourage qui peut se sentir déstabilisé par elle. Si notre entourage nous respecte, aucune difficulté ne surviendra. Si ce n'est pas le cas, une séparation interviendra. Celle-ci peut provoquer de la tristesse mais pas de la douleur, car, si notre entourage ne nous respecte pas, nous ne souffrirons pas de nous en éloigner. Quant à celles et ceux qui nous aiment pour ce que nous sommes et non pour ce qu'ils désirent que nous soyons, ils apprécieront notre changement qui est la preuve que nous nous respectons et que nous sommes en vie.

Notre capacité à créer est sans limite, ce qui revient à dire que notre aptitude à rebondir dans la vie l'est aussi. Les seuls freins qu'elle connaisse sont ceux que nous lui mettons avec notre mental et nos croyances. Les épreuves de la vie devraient nous permettre de prendre conscience que nous avons en nous toutes les compétences non seulement pour les surmonter, mais encore pour les sublimer. Pour cela, il nous suffit d'être pleinement nous-mêmes. Il ne s'agit ni d'une utopie ni d'une illusion, mais d'une simple constatation : nous sommes capables de créer une nouvelle réalité qui soit conforme à ce que nous désirons au plus profond de nous, à la condition que nous renoncions à nos anciennes croyances et que nous ayons foi en nous-mêmes. Se connaître et avoir confiance en soi sont des atouts que nous pouvons nous donner, ils font partie de l'Amour que nous devons nous accorder si nous voulons rebondir dans notre vie.

L'Amour est au cœur de cette démarche, il l'initie, la nourrit et en constitue l'aboutissement.

Conclusion

La vie n'épargne personne et il n'est pas question ici de faire de l'angélisme en disant que tout est merveilleux dans le monde au sein duquel nous évoluons. Il nous faut néanmoins avoir conscience que ce monde correspond à la vision que nous en avons : dur, violent, inhumain, injuste et écologiquement mal en point. Nous acceptons cette vision apocalyptique sans nous demander quelle est notre responsabilité dans sa construction. Nous nous comportons comme si nous ne pouvions rien, vu notre petitesse, face à l'immensité du monde, à la force politique, économique et militaire de notre pays, à la puissance de notre société... Les autres, tous les autres sont responsables, mais nous, petits lilliputiens, sommes irresponsables et incapables de faire en sorte que le monde change. Nous sommes persuadés que nous n'en avons pas la force, même si nous en avons l'envie. Combien de fois avons-nous fait ces aveux d'impuissance ? Ils font partie des croyances dont nous avons hérité et que nous avons faites nôtres. Nous acceptons de subir notre vie au nom de ce que l'on nous a enseigné et de ce que l'on continue à nous faire croire : en tant qu'individu, nous ne sommes pas grand-chose, c'est pour cette raison que nous avons tout intérêt à faire confiance aux systèmes divers et variés (écoles, groupes, théories, etc.) qui nous sont proposés. Grâce à ces derniers, nous acquérons un semblant de grandeur, même si nous perdons notre autonomie et notre liberté d'être. Nous en venons même à penser qu'il n'est pas bon d'être trop autonome ou trop libre, puisque de toute façon nous sommes trop petits pour nous permettre d'être indépendants. Nous voici dans un cercle vicieux bien ficelé, logique et rationnel, à l'image de ce que nous avons appris à être : des petits soldats formatés à l'identique. Où se trouvent le libre arbitre, la liberté, la possibilité d'exister vraiment ?

Qui plus est, l'Amour est absent de ce monde, et c'est peut-être la chose la plus consternante. Comment, en effet, un être humain peut-il vivre sans Amour ? Cela explique pourquoi le monde dans lequel nous évoluons est aussi froid, impersonnel et violent. Il est simplement à notre image, car, que nous le voulions ou non, c'est la pensée qui crée la matière, non l'inverse. Tirons-en les vraies conclusions plutôt que de nous lamenter sur notre triste sort : *nous créons par nos pensées dénuées d'Amour le monde vide d'Amour dans lequel nous vivons.* Nous créons par nos pensées de lilliputiens un monde étriqué, petit dans tous les sens du terme, et par nos idées toutes faites un monde formaté. Ce discours est déplaisant – certes, il serait beaucoup plus agréable de lire le contraire. Mais je vous le demande : faisons-nous preuve de respect envers nous-mêmes lorsque nous nous considérons comme des êtres irresponsables ? Nous n'aimons pas être traités comme tels par les autres, mais nous nous comportons ainsi dès qu'il s'agit de nous attaquer à ce qui ne va pas dans le monde et dans notre vie ! Et après cela, nous disons à qui veut l'entendre : « Je désire que vous me respectiez. » Mais pour être respecté par les autres, il faut commencer par se respecter soi-même.

Les répercussions de ce manque d'Amour sont immenses, car elles touchent tous les domaines de la vie. Notre bien-être, notre santé sont bien entendu très affectés ; notre vie sociale et la santé économique de notre société aussi ; la planète également ; il suffit de regarder ce que nous en avons fait et continuons à en faire. Pire, plutôt que de commencer à agir, nous nous contentons de réagir, de lutter contre. Nous n'avons pas encore mis au centre la seule valeur qui ait un réel intérêt et un impact sérieux sur nous-mêmes et, par voie de conséquence, sur le monde environnant : l'Amour. Les nouveaux groupes et systèmes de pensée (écologie, mondialisation, etc.) continuent à élaborer des « stratégies », des « politiques », des « instruments », et à tenir des discours dépourvus de LA seule force essentielle et vitale qui se trouve être présente en tout être dès sa naissance. Certes, nous n'en avons pas tous bénéficié au même titre, mais l'Amour est là, il suffit d'ouvrir nos yeux, d'ouvrir notre cœur, et d'y croire. Il nous oblige à voir les choses autrement ; encore faut-il que nous le voulions, et cela appartient à chacun.

Les difficultés auxquelles nous sommes confrontés dans la vie présentent l'intérêt de nous inciter à changer, à évoluer, à nous retrouver dans notre plénitude et à renoncer à notre étroitesse. Elles ne sont pas là pour nous faire gagner notre paradis après avoir souffert le martyr, elles sont plutôt une occasion qui nous est donnée de prendre conscience que nous avons tout en nous pour ne plus subir notre vie et pour nous offrir une existence bien remplie et chaleureuse. Nous avons la capacité de changer notre vie et de nous épanouir. Nous avons la capacité d'abandonner les comportements stéréotypés que les autres nous ont forcé à adopter pour en choisir d'autres qui nous correspondent vraiment. Nous avons même la capacité de concevoir des façons d'être qui non seulement nous correspondent, mais respectent les autres. Nous avons la possibilité d'être nous-mêmes, uniques, créateurs, et géants, car, étant une partie du Tout, nous sommes en relation avec le Tout. Nous disposons de tout en nous, mais nous devons le redécouvrir et, pour cela, nous accorder de l'intérêt, du respect et de l'Amour. Enfin, nous avons le pouvoir de changer le monde en nous changeant nous-mêmes : il suffit de nous aimer profondément et passionnément. Il n'y a aucune honte à cela, c'est même la seule voie qui permette d'aimer les autres.

Nous avons vu, tout au long de ce livre, qu'il est possible de faire en sorte qu'une épreuve soit une occasion de rebondir dans la vie pour peu que nous créions une nouvelle réalité à notre image. Pour ce faire, nous disposons d'outils fantastiques tels que notre savoir inné et notre créativité qui peuvent se mettre au service de notre noyau fondamental. Nous pouvons également vivre les émotions qui font partie de notre vie et sans lesquelles celle-ci serait vide. Enfin, l'Amour est présent partout autour de nous et en nous à la condition que nous nous immergions dedans sans attendre que les autres nous l'accordent. Il nous environne à tout moment et en tous lieux. Il suffit d'ouvrir nos yeux et notre cœur, de nous recentrer sur nos envies et nos désirs profonds. Alors, nous le trouvons.

Nous avons toute la force nécessaire pour créer notre propre réalité, mais si nous choisissons cette voie, c'est maintenant qu'il nous faut agir, non demain, car le temps présent est le temps dans lequel nous vivons. Encore faut-il croire à notre potentiel humain. Nous sommes les seuls à pouvoir décider, personne ne peut nous forcer, et cela est bien ainsi, car nous sommes nos propres maîtres.

Qu'attendons-nous ? Demain n'existant pas, attelons-nous à la tâche dès maintenant en nous dotant de la plus belle et la plus noble arme qui soit : l'Amour. Avec lui, nous ne risquons rien, nous ne blessons personne et nous respectons celles et ceux que nous côtoyons ainsi que la nature et le monde dans lesquels nous vivons. Nos échanges se déroulent alors dans l'ouverture et le respect de l'autre. Quant à notre aptitude à rebondir, elle nous entraîne très loin, dans un monde qui ne peut que tenir compte de notre existence en tant qu'Être unique. L'échange avec l'univers est la pierre angulaire qui, en nous permettant de construire notre propre réalité, nous amène à créer un monde différent, à l'image des Géants que nous sommes tous.

Notes

1. Christopher LANE, *Comment la psychiatrie et l'industrie pharmaceutique ont médicalisé nos émotions*, Paris, Flammarion, Bibliothèque des savoirs, 2009.
2. La goutte est une maladie due à un manque héréditaire d'une molécule nécessaire à la dégradation de l'acide urique en produits assimilables par le corps.
3. Daniel DUFOUR, *Les Tremblements intérieurs*, Montréal, Les Éditions de l'Homme, 2003, p. 124-125.
4. *Ibid.*, p. 127.
5. Malcom W. BROWNE, « Signal Travels Farther and Faster than Light », Bulletin d'information en ligne, 22 juillet 1997, site : www.cebaf.gov/news/internet/1997/spooky.html.
6. Glen REIN, Mike ATKINSON, Rollin MCCRATY, « The Physiological and Psychological Effects of Compassion and Anger », *Journal of Advancement in Medicine*, vol. 8, n° 2, 1995, p. 87-103, site : http://www.heartmath.org/templates/ihm/section_includes/research/research-papers/IgA_Paper/compassion-and-anger.pdf.
7. Bruce J. MOSELEY *et al.*, « A Controlled Trial of Arthroscopic Surgery for Osteoarthritis of the Knee », *The New England Journal of Medicine*, vol. 347, n° 2, 2002, p. 81-88.
8. Mario PROULX, *Vivre autrement*, Montréal, Bayard Canada, 2008, p. 26-27.
9. Voir plus loin dans le texte la sous-partie intitulée « La méthode OGE et le savoir inné ».
10. Site : www.oge.biz.
11. Esther et Jerry HICKS, *La Loi de l'attraction*, Paris, Guy Trédaniel Éditeur, 2008, 2009, p. 39.
12. Rhonda BYRNE, *Le Secret*, Brossard (Québec), Un Monde Différent, 2007 ; Esther et Jerry HICKS, *op. cit.*
13. Gregg BRADEN, *La Guérison spontanée des croyances*, Outremont (Québec), Ariane, 2009, p. 87.
14. Voir le chapitre 4.

15. Site: www.garnier-malet.com, 2006.
16. Daniel DUFOUR, *Les Barrages inutiles*, Montréal, Les Éditions de l'Homme, 2005, p. 120-121.
17. Daniel DUFOUR, *La Blessure d'abandon*, Montréal, Les Éditions de l'Homme, 2007.
18. E. Werner, « Children of the Garden Island », *Scientific American*, avril 1989, p. 76-89.
19. Site: http://www.akadem.org/photos/contextuels/3669_Doc_4_Resilience.pdf.
20. Colin MANGHAM, Patrick MCGRATH, Graham REID, Miriam STEWART, « Résilience, Pertinence dans le contexte de la promotion de la santé, Document de travail », analyse détaillée présentée en 1995 à Santé Canada par Atlantic Health Promotion Research Centre, Université Dalhousie (Nouvelle-Écosse).
21. Michel LEMAY, « Résister: rôle des déterminants affectifs et familiaux », *World Health Organization. A one-way street*, Genève, WHO, 1993, p. 27-43.
22. Voir le chapitre 1.
23. En chirurgie, parer une plaie signifie en enlever les rebords avec un scalpel afin qu'il ne reste que du tissu sain.

Table des matières

Ce livre vous a plu ?
Vous avez envie d'aller plus loin ?

Vous avez la possibilité de mettre en pratique les recommandations faites par le Dr Dufour dans son livre, lors de séminaires et stages qu'il a fondés dans ce but précis :

Séminaires et stages « OGE : à l'envers de l'ego »

Pour de plus amples informations, veuillez consulter le site Internet www.oge.biz

ou contacter OGE :

Tél. +41 79 754 81 11
Téléc. +41 22 840 44 52
Courriel : info@oge.biz

Suivez les Éditions de l'Homme sur le Web

Consultez notre site Internet et inscrivez-vous à l'infolettre pour rester informé en tout temps de nos publications et de nos concours en ligne. Et croisez aussi vos auteurs préférés et l'équipe des Éditions de l'Homme sur nos blogues !

www.editions-homme.com

Achevé d'imprimer au Canada
sur papier Enviro 100% recyclé

100%

BIO GAZ
ÉNERGIE